高效能
家校沟通

陪孩子顺利走过中小学

何贤桂◎著

中国妇女出版社

图书在版编目（CIP）数据

高效能家校沟通：陪孩子顺利走过中小学 / 何贤桂著. -- 北京：中国妇女出版社, 2017.10

ISBN 978-7-5127-1517-2

Ⅰ. ①高…　Ⅱ. ①何…　Ⅲ. ①中小学生–家庭教育　Ⅳ. ①G782

中国版本图书馆CIP数据核字（2017）第202282号

高效能家校沟通——陪孩子顺利走过中小学

作　　者：何贤桂　著
策划编辑：陈　元
责任编辑：陈　元
封面设计：尚世视觉
责任印制：王卫东
出版发行：中国妇女出版社
地　　址：北京市东城区史家胡同甲24号　　邮政编码：100010
电　　话：（010）65133160（发行部）　　65133161（邮购）
网　　址：www.womenbooks.cn
法律顾问：北京天达共和律师事务所
经　　销：各地新华书店
印　　刷：北京通州皇家印刷厂
开　　本：165 × 235　1/16
印　　张：16.75
字　　数：187千字
版　　次：2017年10月第1版
印　　次：2017年10月第1次
书　　号：ISBN 978-7-5127-1517-2
定　　价：36.00元

自序

我们所说的家校沟通，简而言之，是指家长与学校及老师的交流和沟通，包括孩子的饮食问题、安全问题、在校表现、家长对学校的意见等。当然，家校沟通不是单方面的信息输出，而是双方互联互通的活动。

从孩子的角度来说，家长与老师的沟通是为孩子营造良好的成长环境，帮助孩子预防心理问题，与孩子一起解决学习或生活中的问题，使孩子形成健全的人格。例如学习成绩的提高、良好行为习惯的养成、意志力的锻炼等，都需要家长和老师共同努力。家长在与老师的沟通过程中，能够比较细致地了解学校的教育观念、办学模式、教育环境、课程设置、教学方法等，因为这些方面对孩子的世界观、人生观、价值观的形成都有影响。另外，通过沟通，家长还能够了解孩子在学校的成长情况，比如兴趣爱好、个性特征、知识技能等。孩子的某些天分，也可能就在沟通中被发现。

从家长的角度来说，对一些不太了解教育的家长来说，家长与老师的沟通，能够建立融洽的亲师关系，同时能够帮助家长转变教育观念，提高自身素质。生活中，有些家庭的教育方式不正确，家长与孩子之间存在隔阂、矛盾和冲突，很多孩子有烦恼也不找父母倾诉。但由于老师的教育方式不同于家长，所以有些孩子更倾向于向老师倾吐烦恼。在这样的背景下，家长与老师沟通可以及时了解孩子的心理动态，同时这也是学习的机会。很多老师本身也是父母，而且教育经验丰富。家长遇到的一些教育问题，他们也可能遇到过相类似的问题。只要家长真诚对待，虚心求教，老师就会认真细致地解答，想方设法地帮助家长。家长在与老师交谈的过程中，可以从中学到教导孩子的知识和技巧，进而更新自己的教育观念。

这几年，我不断在思考家校沟通这个话题，收集整理了一些新的资料，像孩子换座位、孩子怕老师、校园欺凌、家长怎样应对“雷人”校规、家长要不要指导老师教学等情况，都是家长眼中比较常见的问题，我通过具体案例对这些情况进行了说明，以便于家长领悟和操作。

无疑，大多数老师很爱自己的学生，正如做父母的都爱自己的孩子。在当今社会，孩子的成长离不开家长与老师的共同努力，他们之间的联系越来越紧密，可以说，家长与老师已经成为协助孩子成长的“同盟军”。

在跟家长沟通时，我能体会到很多家长不愿意找老师沟通的矛盾心理，例如他们不知道跟老师说什么、认为老师总是很忙、怕孩子知道自己和老师沟通、怕和老师意见不一致等。家长在这些想法的驱使下，大都不愿意找老师沟通，因此错过了许多教育孩子的良机。

因此，我建议家长放下心理包袱、沟通从“心”开始、跟老师交个朋友、别总谈孩子的学习问题……让愉快的沟通在不经意中悄悄开始。我想，做一个会和老师快乐沟通的家长并不是一件难事，关键是大家都能心平气和地坐下来交谈。孩子在成长中出现问题，老师不能掩盖，父母也不能不闻不问，更不能以简单粗暴的方式解决，而是需要坐下来好好谈谈，为孩子创造一个自由快乐的成长环境，这一点比什么都重要。

家校沟通的最终目的是让孩子有难以置信的改变，不仅包括学习上的进步，而且能够独立生活。我在书中说到了一个叫小李的孩子，学习接受能力特别差，妈妈为了他的进步费尽心思。后来，在妈妈和老师的多次沟通交流后，小李最终爱上了学习，取得了很大的进步。这就是沟通的力量，是家长和老师的沟通让孩子发生了改变。

像这样的案例在书中还有很多，期待读者朋友在阅读时能够细细品味，发现沟通的奥妙所在。总而言之，家长与老师的沟通是双赢的。只有双方经常沟通，在沟通中碰撞出思想的火花，才能发现孩子身上的问题，了解孩子的内心世界，及时帮助孩子解决成长中的问题。亲爱的读者，也许您正在为孩子的事情而发愁，衷心希望本书能为您解决遇到的问题提供有益的帮助。

特别感谢单仁慰、戴玲斐、章兰芳、成萱萱、黄淼清、廖翔、何贤超、张冬娥、徐玲丹、安晓冬、杨娇芳、胡冠军、马志勇、金旗、姜涛在资料收集等方面的大力支持。

目录

第一章 当家长遇到老师

一、放下你的心理包袱 / 002
二、老师其实喜欢沟通 / 009
三、选择你所擅长的沟通方式 / 017
四、相互信任是沟通的基础 / 022
五、家长也需要认识自己 / 027
六、家长心目中最需要沟通的事 / 033
七、选择与老师沟通的最佳时机 / 039

第二章 如何提高沟通质量

一、沟通不是炫耀口才 / 046
二、家长和老师沟通的“黄金法则” / 051

三、好沟通需要共识 / 056

四、沟通的成败在于管理情绪 / 060

五、有效沟通从细节开始 / 067

六、多安慰“难缠”的老师 / 073

七、乐于与老师分享好东西 / 076

第三章
鼓励孩子和老师友好相处

一、家长切忌推卸自己的教育责任 / 080

二、鼓励孩子接纳老师 / 084

三、跟老师交个朋友 / 092

四、孩子怕老师怎么办 / 097

五、老师“偏心”，家长莫急 / 104

六、老师错怪孩子怎么处理 / 108

七、家长怎样应对“雷人”校规 / 111

第四章
让老师了解孩子

一、家有差生要早沟通 / 116

二、孩子不愿去上学 / 123

三、孩子想换座位 / 129

四、和老师谈谈孩子的不足 / 136

五、孩子任性，家校沟通有办法 / 142

六、孩子早恋，家校如何合作引导 / 147

七、孩子利用老师说假话怎么办 / 150

CONTENTS

第五章
好沟通成就好孩子

一、抓住引导孩子的最佳时机 / 154

二、如何让孩子爱学习 / 160

三、少谈孩子的学习问题 / 167

四、沟通就是帮助孩子快乐成长 / 174

五、莫让老师特别关注孩子 / 179

六、当孩子被同学孤立时 / 182

七、绝不诱导孩子告密 / 186

第六章
请老师把问题告诉家长

一、老师最希望家长做什么 / 190

二、孩子当面骂老师 / 194

三、孩子被老师搜身 / 200

四、孩子在学校尿裤子 / 206

五、孩子班级换老师了 / 211

六、孩子在学校打架了 / 216

七、孩子被老师“欺负”了，怎么沟通 / 223

八、孩子说学校饭菜不好 / 227

第七章
怎样避免教育误区

一、如何避免沟通的不恰当态度 / 234

二、教育不全是老师的责任 / 237

三、切忌指导老师教学 / 242

四、与老师沟通，别折腾孩子 / 245

五、别让老师的“语言暴力”伤害孩子 / 250

六、看国外家长怎么跟老师沟通 / 253

第一章 当家长遇到老师

很多时候，家长不知该如何跟老师恰当沟通。其实，家长完全可以把老师当作朋友，选择自己最擅长的沟通方式，把自己教育孩子时的困惑、疑问、期望等告诉老师，与老师进行心与心的交流。

一、放下你的心理包袱

很多家长送孩子上学之后，经常有这样一种想法：没事尽量不找老师。除非老师亲自打电话过来，他们才考虑该和老师沟通一下了；或者直到孩子在学校出了大事，他们才会想到去找老师。

家长不愿意主动找老师沟通有很多原因，说到底是有心理包袱。就拿孩子开学报名这件事来说，要不要和老师沟通，怎样把孩子的情况告诉老师，这不是一件完全可以忽略的小事。家长千万别以自己的想法去衡量这件事，认为只要老师不主动找家长，只要孩子成绩优秀，一切都没事了。

实际上，孩子的成长离不开家长与老师的通力合作，大多数家长由于在认识上存在误区，不愿意主动找老师沟通，也可能因此错失了教育孩子的良机。为了更能说明这个问题，我特意约请了一些家有学龄孩子的家长来谈谈他们对家校沟通的看法，这些家长对这个话题很感兴趣，他们说出了自己的一些心里话——

1.不知道跟老师说什么

平时，经常有家长跟我说，总想打电话给老师问问孩子的情况，却不知道该说点儿什么。有些家长加了老师的QQ和微信，但就是不知道说什么好。有些家长对孩子的在校情况不甚了解，不清楚需要和老师谈些什么，特别是一些性格比较内向的家长，一碰到老师就不知道该说些什么，所以，他们平时基本上不和老师联系，除非老师亲自打电话过来或登门家访，家长才愿意和老师聊几句。平常碰到老师，有些家长能避则避，即使面对面碰见了，顶多寒暄几句。

此外，很多家长在与老师交谈时，直接打听孩子在学校表现怎么样、听不听话，这让老师不知该如何回答，因为家长问的情况太宽泛，老师不清楚问题的重点在哪里。即使孩子在学校里出现了问题，例如学习成绩不好、打架、偷窃等，家长也不清楚该跟老师谈些什么。

遇到这些情况，家长应该鼓起勇气，直接向老师说明孩子的具体问题，不必太拘谨，犹豫、徘徊只会延误解决问题的最佳时机。

2.跟老师说没什么用

有一部分家长认为，老师很忙碌，既要教学又要管理学生，即使向老师反映了孩子的具体情况，也产生不了多大效果。有时，家长想联系老师，老师却说没时间，说要上课、改作业、参加会议等。一次碰壁之后，家长往往不好意思再去找老师。

上述情况虽然存在，但大多数老师会非常热情地对待家长的咨询或到访。认为老师很忙，跟老师说没什么用，这是一些家长先入为主的想法。其实，即使老师再忙，他也愿意抽出时间与家长谈谈孩子的情况，因为双方的初衷都是为孩子好。

有个小学三年级的孩子家长曾这样告诉我："那天上午，我给孩子班主任一连打了6个电话，他都没有接电话。看来，老师的架子真的很大。"老师很忙是事实，但家长在沟通的时候，应该选择恰当的时间，最好是在放学以后，这样沟通起来比较方便。一般来说，严格遵守教学秩序的老师在上课期间是从不接电话的，这也是对学生的尊重。如果家长选择在上课期间打电话，老师当然不方便接。

3.老师会怪罪家长

很多家长在和老师沟通之前总有这样或那样的顾虑：如果孩子的学习成绩比较优秀，那么家长的顾虑会少一些；如果孩子的学习成绩不好或经常调皮捣蛋，那么家长就会担心老师会怪罪自己。有个初一的英语老师对学生一向很凶，只要学生上课讲话，就会严厉批评，有时甚至要把家长请到学校批评家长："我从来没有见过这样没教养的孩子，您是怎么教育孩子的？"所以孩子一旦犯错，家长都不敢跟老师沟通，就怕老师在批评了孩子之后，还要连带批评自己，最后搞得自己很没面子。

有些性格耿直的老师情急之下难免说出批评家长的话，把责任推给家长。对于这样的尴尬局面，家长采取逃避的方式是不对的，应想到老师看到的可能是片面的，虽然老师有点儿小情绪，但出发点都是为了让孩子进步，所以，即使遇到这种情况，家长也要多和老师沟通。

4.怕老师对孩子不利

有些家长担心把孩子的具体情况告诉了老师，老师会对孩子另眼相看，那样对孩子不利。有位小学一年级的孩子家长曾这样告诉我，他说自己的孩子性格非常活泼，在幼儿园的时候，孩子就不怕老师，而且上课爱讲话，他问我该不该把孩子的具体情况告诉班主任。他担心的是，万一把孩子好动、上课爱讲话的情况告诉老师之后，老师会把孩子的位置调到后面去，对孩子学习有影响。

这个家长说的情况也是事实。在现在的学校里，有的老师为了片面追求学习成绩，经常对那些爱在课堂上调皮捣蛋的孩子采取孤立措施，把这些学生的座位调到班级最后面，以便不影响前面学生的学习。无论如何，这是对孩子的不尊重，容易使这些孩子产生自暴自弃的想法。如果出现这样的情况，家长更应时常和老师交流，一起商量纠正孩子学习习惯的方案。

5.老师都是对的

有些家长不愿意和老师沟通，是因为他们认为老师的做法都是对的。这类家长常常因为自己知识水平有限，把老师给“神化”了。但需要说明的是，人非圣贤，老师也有教育不当或犯错的时候，如果老师在不了解真相的情况下就批评孩子，这显然是不对的，而且，有的老师在对孩子进行了错误批评之后，为了维护自己的师道尊严，往往不会向孩子道歉，这是错上加错。所以，当老师错误地批评了孩子时，家长应与老师及时沟通，查明事情真相，以免给孩子的心灵造成伤害。

6.怕孩子知道自己与老师沟通

有时，家长跟老师沟通之后，会被孩子知道。很多孩子往往会为这个事情跟家长发脾气。有个三年级的孩子因为平时写作业不认真，还抄同学的作业，于是家长到学校去找老师了解情况。结果，孩子知道了这件事情后，就和家长赌气，学习更加不认真了，抄同学作业的现象也更加严重了，所以，有些家长顾虑到这一点，就瞒着孩子和老师沟通。

7.怕和老师意见不一致

有些家长经常有这样的顾虑：如果自己在某些重要事情上和老师意见不一致，怎么办？其实，由于文化知识、教育理念、生活观念等差别，家长与老师在教育孩子的问题上难免会出现不一致的意见。进一步来说，如果家长和老师在沟通时出现争执，始终没有形成共识，甚至加深了彼此之间的矛盾，那的确是非常失败的沟通，因此，应尝试着用平和的语气表述自己不同的观点，抱着商量的态度沟通才有利于问题的解决。

8.自卑心理作怪

有些家长因为自己身材矮小、文化水平低、家庭条件差、社会地位低等原因而感到自卑，当孩子在学习或生活中出现问题时，家长往往也很少和老师沟通。由于这种自卑心理的存在，很多家长担心自己见到老师时，不能很好地把孩子的问题表达出来。

9.家长高傲

有个别家长认为自己社会地位高、家庭条件优越、有权势等，喜欢高高在上，在老师面前表现出一副盛气凌人的样子，爱摆架子，习惯让别人向自己汇报情况，对待老师也不例外。

如果家长因为上述这些原因不主动和老师沟通，那么请放下自己的心理包袱，开始学着和老师轻松沟通。

首先，家长要调整认知，相信老师工作的出发点都是为了孩子的成长，相信老师的做法，老师打电话给家长或叫家长去谈话，也是为了解决孩子的问题。

其次，家长要发自内心地尊重老师。有些老师可能并不那么热情，但我们也要尊重老师的人格。我们要思考：应该以什么样的心态和老师沟通？当老师把孩子的情况告诉家长时，你是怒气冲天还是冷静对待？无论发生什么事情，我们都得沉着、冷静，思考该怎样帮助孩子解决问题。

最后，我们必须积极行动，大方自信地去见老师，以平等的姿态和老师交流。唯有不断地沟通，你才有可能真正全面地了解孩子，协助老师教育好孩子，成就孩子美好的未来。

二、老师其实喜欢沟通

在一次家长会上，有几位家长曾这样问我："老师，您喜欢和我们说说话吗？"我想，与家长交流是一件快乐的事情，于是就说了一句："那当然了。"可又有家长问："我们总觉得跟老师不好交流，有时打电话给老师，没聊几句就挂了，你们是不是觉得和我们交流是一件很烦恼的事情啊？"提这个问题的是一个初一孩子的家长，他满脸疑惑地看着我。

家长会结束后，他们的这些问题引发了我很多思考。很多时候，也许就是因为这些困惑导致家长不愿意和老师沟通。可是，我要说的是，也许家长真的误解了老师，于是产生了沟通上的障碍。在我所接触的老师中，不喜欢和家长沟通的老师毕竟是少数，大多数老师都很愿意跟家长交流。

我当老师的时候，就遇到过这种情况，我教过的学生很多，却很少有家长主动找我聊聊孩子的情况，大都是学生在学校出了大事，实在没办法，家长才主动找我了解情况。有一年，我带一个新生班级，报名那天，许多家长带着孩子过来报名，有些家长要求老师督促孩子学习，有些家长说到孩子很懒、学习不好，但没有一个家长跟我说起自己孩子的具体情况，比如孩子的性格特征、过去的行为表现、兴趣爱好、具体的学习情况等，大概是因为报名时间比较短，这些家长报完名之后，就带着孩子匆匆离开了学校。

事实上，一些老师还常常抱怨家长只会管自己的事情，不和他们联系。我经常听到一些老师抱怨道："他（学生家长）偏偏在这个时候关了手机。"在老师非常需要家长配合的时候，家长却常常不在场，这对教育孩子是很不利的。

家长常常希望老师能教育好孩子，但这样的想法往往是一厢情愿，因为家长自己也应参与到教育孩子的过程中来。其实，孩子学习成绩不好，孩子行为上出了问题，有一个原因就是家长和老师没有进行及时沟通。综合来说，在以下几种情况中，老师都希望能及时和家长沟通。

1.孩子进入新学校学习

孩子因升学或转学而进入一个新的学校学习，面对的是新的学习环境和新老师。在这个时候，老师对孩子的了解仅仅停留在观察上，还只是表层的感性认识，谈不上细致了解，常常要经过几个月的相处才能真正了解学生。所以，很多老师都非常希望家长在孩子一进校门时，就能提供相关情况，比如孩子以前的学习情况、行为习惯、性格特征、兴趣爱好等。这些情况提供得越早越全面，越能加快老师了解学生的速度，对老师教育好孩子能起到重要作用。如果家长没有时间和老师面对面地交谈，可以在小纸条上把孩子的情况写清楚交给老师，也可以给老师发条短信、微信或QQ留言，家长提供的信息多多益善，其目的都是让老师能够及时掌握孩子的情况，有针对性地教育孩子。

2.换新老师

有时候，学校因为老师生病、生小孩、出差等原因，常常需要找一些老师代课。新老师中途接手班级，对孩子的了解不是很全面，往往也希望家长能够提供孩子的具体情况。一些孩子习惯于以前老师的教学方式，对新老师有抵触，一时适应不了新老师的上课方式，这就需要家长及时反馈信息，和新老师一起解决问题。有些新老师由于自身经验有限，对孩子的管理存在一些问题，非常需要家长的帮助和建议。

3.孩子学习、生活出现反常

孩子学习、生活出现反常现象，第一个发现者不一定就是老师，而有可能是家长。当老师发现孩子上课突然不认真、写作业潦草、行为懒散的时候，最怕的就是找不到家长沟通。因为孩子的有些反常行为有可能是家庭教育造成的。比如一个孩子突然变得闷闷不乐，上课没心思听讲，可能是因为个人遇到了麻烦事或因为家庭矛盾而心烦。因此，父母一旦发现孩子的行为反常，应在第一时间和老师取得联系，商量对策。

4.孩子的身体状况和心理状况

如果孩子在学校里出现了身体问题，老师第一个想到的是家长。很多老师最怕学生生病了，学生一生病，老师就非常着急。特别是低年级的老师，最不希望学生生病了。

在生活中，家长最清楚孩子的身体状况，如果孩子有急性病史、药物过敏史、忌口食物等，家长应及时告诉老师，因为这些关系到孩子的生命安全。

另外，现在孩子的心理健康情况不容乐观，容易出现一些反常的心理现象。一是情绪表现：害怕、焦虑、忧郁，不愿上学，容易生气等；二是行为异常表现：有些孩子沉默寡言、精神不振、离群独处等，有些孩子则过分活跃，爱吵闹，甚至有逃学、偷窃、暴力等行为；三是生理表现：头晕目眩、闹肚子、厌食、偏食、贪食、睡眠质量差等。一旦孩子有上述异常信号时，家长应及时告诉老师。

5.孩子在学校表现极其不好

一般来说，孩子在学校的调皮捣蛋不是很严重，老师能够教育处理的，基本都不会找家长沟通。除非孩子在学校特别调皮，严重影响其他同学上课，或者孩子好斗，经常找同学打架，或者孩子在学校行为怪异，有反常情绪，这些都是老师比较关心的沟通问题。

孩子在学校打架之后，最头疼的莫过于老师，因为他不仅要批评教育孩子，还要防止类似事情的再次发生。在批评教育孩子方面，老师所做的毕竟是有限的，还需要家长共同教育，有时家长对孩子的教育所起到的作用比老师更大，毕竟家长对自己的孩子最了解，因此会采用合理的方式让孩子意识到错误并加以改正。

6.孩子成绩下降

现在的家长都关心孩子的学习成绩，而孩子成绩下降有多方面的因素。学校教育是一个方面，比如老师教学方式有问题、孩子上课不认真、不喜欢老师的讲课风格等，但是，我们不能否认也有家庭教育的因素，这就需要家长和老师沟通了。

7.学校或班级的重大教育决策

在教育孩子方面，老师、学生、家长是一个需要密切合作的共同体。有时，学校或班级要出台一些管理学生的办法，也需要家长参与。只有家长和老师共同参与管理、教育孩子，才能给孩子提供一个良好的成长环境。其实，大多数老师都希望自己的学生有出息，他们都愿意和家长沟通，哪怕只是短短的几分钟时间。

8.家长的一些特殊要求

一些细心的家长还会要求老师帮忙关照孩子，比如孩子在学校的饮食问题，有的孩子刚进新校园生活不习惯，很难适应；有的孩子不合群，需要老师帮忙鼓励；有的孩子有某些坏习惯，需要老师和家长共同配合加以矫正；有些孩子注意力不集中，也需要特别关注……这些事情虽然都是小问题，但足以影响孩子的学习和生活，是家长和老师都不能忽视的。

我认识的一个家长就做得很好，他非常配合老师的工作。他的孩子强强活泼好动，喜欢跟同学一起玩耍。但在强强刚进学校学习的第一天，有同学向老师告状说强强打人……没过几天，就有很多家长纷纷向老师反映，说自己的孩子在班级里受强强欺负，不愿去上学了。

于是，老师就打电话给强强爸爸，经过仔细询问才知道强强是一个性格外向的孩子，从小在乡下长大，与同伴玩耍时从不注意交往方式，抱抱同伴、推推同伴都是常有的事情。强强爸爸说："这孩子从小就那样，有点儿粗野。在乡下，大人不怎么注重小孩子之间的交往分寸，我这孩子经常和同伴打打闹闹的……"

老师特地观察了强强在学校的表现。有一次，老师发现强强搂抱着一个男同学的腰，不停地窜来窜去，嘴里还说着："我们一起玩儿吧！"结果弄得那个同学很紧张。有一次，老师还发现强强推着同学跑，强强脸上并没有恶意攻击的表情。老师知道强强的确没有攻击同伴的意思，错就错在强强的交往方式上，难怪许多同学误解了强强。

后来，老师找强强谈话，还教他如何与同学交往："老师知道你是一个好孩子，你喜欢和同学玩儿，不一定就要抱着他或推着他，你还可以拉拉同学的手或衣服，这样会更加文明礼貌，同学就不会躲着你了。”从此之后，只要强强的交往行为取得一点儿进步，老师就马上表扬他，鼓励他好好表现。

可见，强强家长与老师及时沟通，不仅给老师提供了强强的信息，便于老师管教孩子，而且对孩子的成长非常有帮助。

小提示

别错过学校活动

现在的学校越来越开放，有时候还邀请家长参加学校的活动，最常见的当然是家长会，还有其他活动，比如学校开放日、亲子游戏、学校运动会等。

在这种情况下，家长应当积极参加类似的活动，目的是通过互动的形式多角度地了解孩子在学校的表现，同时可以和老师进行面对面的沟通。综合起来说，具体有以下几种做法：

第一，家长会的时候，多倾听老师的意见和建议，提提自己对孩子的期望和看法，和老师达成沟通共识。

第二，学校开放日时，家长要以愉快的心情参加学校活动，多走走，看一看孩子在学校的表现，要与孩子和睦相处。即使看到孩子在学校犯了错误，家长也不要生气，应以平和的心态帮助孩子纠正错误，并多向老师了解孩子的具体表现。

第三，积极参加亲子游戏，主动配合，遵守游戏规则，让孩子及早融入集体。

第四，孩子参加学校运动会或升学体育考试时，家长可以作为观众到现场为孩子加油。

三、选择你所擅长的沟通方式

在很多家长看来，和老师沟通是一件困难的事情。遇到老师，想和老师谈谈孩子的情况，却不知道从何谈起；平时很想找老师咨询一下孩子在学校的表现，却心有犹豫；即使老师找上门来了，很多家长往往把话题扯得很远；还有一些家长认为自己笨嘴拙舌的，不知道跟老师说些什么。

我们都知道，沟通是人际交往中互动性极强的活动，不仅需要说者表达清楚事实，也需要听者能接收说者的信息。在沟通过程中，我们有必要选择一些你所擅长的沟通方式，这样才不会出现沟通障碍和尴尬局面。

从大的方面来说，沟通方式主要有这样几种：口头沟通、书面沟通和会议沟通。口头沟通可分为面对面交谈、电话联系、网络视频对话、家校通等，这类方式最为常见，人们也喜欢用这种方式把事情传达清楚。比如遇到急事，最好是口头沟通，这样能节省时间和精力。口头沟通还显示出沟通者对事情的重视，擅长口头表达的家长可以多采用这种方式，这样既能从对话中了解到孩子的情况，又能将自己的想法、期望、做法传递给老师，你也可以直接从老师那里了解学校的教育情况以及老师的性格等。

书面沟通的方式很多，比如书信、电子邮件、家校联系卡、作业留言、博客留言、QQ聊天、短信等。如果事情不是非常紧急，家长担心自己口头表达不好，又怕打扰老师，不妨采用这种方式。但是，家长在用这种方式沟通时，需要注意语气和措辞，既要有礼貌，又要把事情完整清楚地表达出来，让老师一目了然。

至于会议沟通，大都以家长会、亲子报告会等形式出现，家长可以从会议中获得一些教育的信息。只要积极参与，也能有许多收获。

沟通的最终目的是解决问题，只要能够把要说的话表达清楚，无论长话还是短话，都是沟通，都能收到一定的效果。擅长口头沟通的家长，可以直接找老师对话；擅长书面表达的家长，则可以用书面沟通的方式给老师留言。

嘉琪妈对孩子的成长非常关心，孩子上学后，老师没给她打过一次电话，她觉得不正常，很想去找老师了解一下孩子的情况。但她心有疑虑，担心自己说不好，有时候说话一急，还会出现结结巴巴的现象。

但为了孩子，嘉琪妈还是鼓起勇气，决定找老师沟通一下。当然，她没有直接找老师面谈，而是想出了一个书面沟通的方式，自己设计了一张家校联系卡。嘉琪妈针对孩子的作业情况，跟老师聊起了自己想知道孩子的学习状况。她在家校联系卡里这样写道："老师您好，谢谢您对孩子无微不至的关心和严格的要求，孩子在学习方面有了许多进步。本想当面感激您，但由于我不擅长交谈，想通过这种方式跟您沟通，不知道是否合适？从孩子的作业上来看，我发觉她的基础知识掌握得不是很好，写作业有些马虎，想必您也知道这些情况，真不知道怎么帮助她改正，想听听您的意见。恕我打搅。”

嘉琪妈写好之后，把情况跟孩子说了一下，孩子觉得好奇，便看了起来。其实，家长在和老师沟通时，应该把情况告诉孩子，也要征求孩子的同意，这是对孩子的尊重。孩子知道妈妈要向老师打听自己的情况，但没说什么，因为她知道妈妈不是那种强势的家长，嘉琪妈比较懂得孩子的心理，孩子也很信任她。

最后，嘉琪将妈妈的家校联系卡小心翼翼地夹在了作业本里。等到第二天，孩子把作业本交给了老师。后来，嘉琪妈很快就得到了老师的回复。老师把嘉琪在学校的表现和学习情况一一写在了问题的后面，还提供了一些方法，可见老师也十分重视家校沟通。

于是，嘉琪妈隔一段时间就给老师写一次家校联系卡，例如一周一次或者两周一次，如果发现孩子有很紧急的事情，嘉琪妈则会及时跟老师联系。有一次，嘉琪妈发现孩子情绪低落，但又问不出什么名堂，她就提起笔来向老师咨询。

孩子当然知道这件事情，她不愿意妈妈这么做。经过一番交谈，孩子把事情告诉了妈妈，原来嘉琪和同学发生了争吵，几个要好的同学都对她有意见，这让嘉琪很难过。尽管如此，嘉琪妈依然不放心，在征得孩子同意的前提下，她依然把情况写在了家校联系卡上。

可是，嘉琪妈怎么也没想到，交上去的家校联系卡却迟迟没有回音，孩子说作业本发回来的时候就不见了。

家长在使用这种沟通方式的时候，为了防止家校联系卡丢失，可以让孩子亲自把它交给老师。实际上，现在很多学校都在使用家校联系卡，由老师统一发给学生，联系卡上有学生的学习成绩和在校表现，还有一个栏目便是家长的留言。家长在填写完毕之后，最好能够给老师打个电话或者发条短信，说明自己已经看过联系卡，并已经写好了留言。

在网络时代，家校沟通方式越来越多。家长可以使用微信、QQ等聊天工具与老师进行沟通。当然，沟通的前提是尽量不打扰老师的休息。现在很多老师都有自己的博客或微博，把自己的一些感想、随笔、教学资料等放在上面，博客或微博留言也是非常好的方式，这也是家长和老师沟通的重要渠道。

所以，只要家长肯想办法，总能找到适合自己的沟通方式。当家长急着要找老师沟通时，请先想好该用什么方式沟通，这样往往会收到事半功倍的效果。

小提示

怎样发挥家校联系卡的作用

我们首先要清楚，家校联系卡不是告状书，不是家长和老师之间的秘密沟通，孩子应该有知情权。让孩子一起参与，少了猜疑和担忧，有利于亲子关系和师生关系的良性发展。

家长和老师在联系卡里反映的情况一定要真实，但可以适当放大孩子的“优点”，写出对孩子正面的、鼓励性的话，而不是反面的、否定性的话。例如，成绩不好的孩子也有优点，认真听课、独立完成作业、爱提问、上学不迟到等都是优点，尽可能把孩子的点滴进步告诉他。如果孩子存在一些问题，我们也要勇于正视，少些批评，最好将批评改为建议，为孩子提供一些如何改正的方法和步骤。

联系卡除了用来记录这些以外，家长还可以将自己的教育困惑写在里面，向老师请教。需要指出的是，家长在列举教育问题时，表述要清晰，可以分成几个要点说明，这样就一目了然了。

当然，管理家校联系卡是一个动态的过程，因为孩子的成长是变化的，所出现的问题也是多样化的，这就需要家长和老师坚持反思和总结。特别是当孩子换了老师之后，联系卡的参考价值会更大。

四、相互信任是沟通的基础

经常有这样的情况，孩子在学校上学，很多家长则在家里担心孩子在学校会不会吃亏，能否得到老师的照顾，学习能不能跟得上进度，等等。曾有一些家长打电话给我，问得最多的还是孩子在学校的生活。有个家长这样问道：“孩子这么小，我该不该去学校看一看呢？”也有家长抱怨道：“老师总是向家里要钱买资料，可孩子成绩为什么就上不去呢？”我完全能理解家长们的担心，他们的担心往往是出于对孩子的关心。

毋庸置疑，家长关心孩子是天经地义的事情，每个家长宁愿自己累一点儿、辛苦一点儿，也要孩子过得好。但我们也看到，家长与老师的关系在一定意义上是一个相互磨合的过程，这中间可能有猜疑、对抗和冲突。当我们把孩子送去上学时，最关心的问题是孩子的老师是谁、老师的素质怎么样。每年开学的时候，很多家长四处打听老师的情况，比如老师的工作能力怎么样，老师的工作态度怎么样，老师的品德怎么样，等等。

当发现学生学习不好、上课不认真、爱吵闹、打架、旷课时，有些老师总喜欢给家长打电话告状。这样做不但无法收到良好的沟通效果，家长也怕接到老师的电话，于是更不愿意跟老师沟通了。

所以，家长和老师相互信任很重要，这也是沟通的基础。如果彼此都能坦诚相待，坐在一起聊一聊孩子的教育问题，那么孩子的问题往往很容易得到解决。

人与人之间感情淡薄，大都是因为彼此的沟通或了解太少，家长和老师之间的关系也是如此。虽然没有一个家长不想去和老师沟通，但很多家长由于种种原因（比如工作太忙、怕见老师等）和老师之间的沟通太少了，导致对老师不了解，难免会对老师的工作产生怀疑。有一个家长曾这样对我说，孩子上学三年了，她连老师是谁都不知道。

有些家长对老师存在偏见也是双方缺乏沟通的一个原因。他们认为有些老师很不负责任，不仅在学校教书，还在外面兼职给学生补课，甚至本末倒置，在本职工作上投入的精力还没有兼职多。还有一种看法就是家长认为孩子进入学校之后，责任全是老师的，孩子学习不好，错在老师身上。

其实，家长和老师都是孩子的老师，只不过所扮演的角色不同，彼此的分工不同。由于他们在思想、经验、知识水平、能力等方面存在差异，这就决定了老师和家长在教育孩子方面存在互补的可能性，老师能够从家长那里获得孩子成长的信息，家长也能够从老师那里获得一些教育方法。只有家长和老师建立信任、和谐、融洽的关系，才能共同完成教育好孩子的重任。

有一个家长的做法或许对大家有一定的参考作用。这个家长在一家私营企业上班，由于工作比较繁忙，很少顾及孩子。让她感到欣慰的是，孩子的学习成绩一直很好。经过一番仔细打听，我才了解到这个家长的教育方式。

孩子上学后，她将老师和家长的角色分得很清楚，不像其他妈妈那样，在家既当家长又当老师，为孩子补习功课，督促孩子认真学习。她学着放手，相信老师有办法把孩子教育好，同时让孩子形成这样一个观念：学习是自己的事情，应该从老师那里吸收知识。家长的责任是给孩子充足的营养、自由的空间，让孩子养成良好的行为习惯和品德，拥有健康的身体和心理。

当孩子在学习上遇到问题时，家长没有直接教孩子怎么做，而是引导孩子去查资料，鼓励孩子大胆地去问老师。有一次，孩子碰到一道非常难的数学题，孩子想让家长帮忙解答，但这个家长只是鼓励孩子去找老师问问。结果，那天晚上，孩子第一次拨通了老师的电话，向老师请教问题。

家长适当放手，这是对老师的信任；家长肯定和鼓励老师，更是对老师的信赖。只有家长明确了自己的角色和责任，才能和老师密切配合，在教育孩子方面取得良好的效果。

信任不仅是一种素质，更是一种美德。信任他人，会给你带来一片光明的天地，给彼此一个交流的机会。

那么，家长如何才能信任老师呢？可以从以下几个方面入手。

第一，主动沟通，消除误会。不管孩子在学校有没有出问题，家长都可以经常与老师保持联系，因为这是信任老师的基础。同时，通过彼此的沟通，老师也明确了今后工作的方向：努力让孩子感受到老师的爱，帮助孩子树立自信。

第二，尊重和支持老师的工作。每个老师都有自己的教育方式，都希望把孩子教育好，所以家长首先要尊重老师，支持老师的工作。如果老师的教育工作不尽如人意，没有很好地履行教师职责，家长可以在肯定老师部分工作的基础上，给老师出出主意。

第三，教育好孩子并非一件易事，需要家长和老师共同努力。孩子在成长过程中会遇到各种各样的问题，有些问题是发生在家里的，有些问题是出现在学校里的，顺利地解决问题，离不开家长和老师的共同配合。

第四，鼓励老师打电话到家里。这样有利于及时发现孩子的问题，促进问题的解决。

所以，家长在处理与老师的关系时，一定要以信任为基础，不要固执己见，要友善地与老师沟通，这样才能收到真正的沟通效果，解决孩子的问题。

小提示　初次见面，家长怎样向老师进行自我介绍

在日常生活中，我们经常看到信任的强大力量，它不仅能拉近人际关系，还能创造财富。那么，家长和老师初次见面时，应该怎样进行自我介绍呢？

很多家长第一次和老师见面，可能都是因为送孩子去学校报名，即使时间很短暂，家长也应该和老师打声招呼，做个自我介绍，并将孩子引荐给老师。比如，我们可以这样和老师说：“您

好，老师！我是×××的家长，这是我的孩子×××……”接着，家长可以把自己的情况告诉老师，特别是把自己的家庭情况和一天中的工作告诉老师，让老师对家长有一定印象，这对以后教育孩子有一定的帮助。

五、家长也需要认识自己

这几年，我接触到很多家长，在谈到和老师沟通这个话题时，家长总有说不完的话。家长对老师的要求很多，但有的家长却不能很好地认识自己。为了使自己能够和老师进行良好的沟通，家长可以从以下几个方面进行反思。

1.你是一个称职的家长吗

在很多家长心目中，只要满足孩子的吃、穿、用、玩，就是一个称职的家长。孩子的成长固然需要物质，但孩子精神上的需求，家长能满足吗？比如，孩子想要多玩儿一会儿，家长能同意吗？孩子想多一点儿自由空间，家长能提供吗？孩子遇到不开心的事情，想找个人倾诉，家长能耐心地倾听孩子的心声吗？孩子与异性同学交往，家长能看得过去吗……遇到上述问题时，家长都能心平气和地对待吗？

到底什么样的家长才称职呢？家长不仅是孩子成长中物质需求的提供者，更重要的在于家长是孩子人生旅途中的引路人。一个称职的家长是一个懂得孩子心理的长者，给予孩子的应该是自由、仁爱、无私、刚毅、温和等。当孩子的生命中有了这些底色，才有了独立健康成长的基础。一个称职的家长是孩子无话不说的好朋友，无论孩子有什么秘密都乐于与他分享。

我们常说，一个成功男人的背后总有一个默默无闻的女人，同样地，一个优秀孩子的背后往往有慈爱智慧的家长。成功的家长就在于他能够根据孩子的心理特点，平等地和孩子一起生活。孩子受到伤害，家长会站在孩子一边。当孩子被繁重的作业压得喘不过气时，家长会与老师沟通，适当地减轻孩子的学习压力，避免出现拔苗助长的现象。另外，家长对孩子的榜样作用也很重要。孩子的模仿能力很强，有样学样，家长的行为举止会对孩子产生深刻的影响，甚至会影响孩子的一生。所以，家长在孩子面前要做到表里如一且言行一致，这会使孩子觉得家长是一个讲信用、有担当的人。

2.你对孩子的期望是否合适

中国家长向来对孩子抱有很高的期望，很早就有“望子成龙”“望女成凤”的思想。孩子一上学，家长就期望孩子能出色一点儿，先是千方百计地给孩子找名校，好像孩子不进名校就没有前途似的。之后，家长还不停地给孩子找补习老师，即使孩子的成绩很优秀，家长也要把孩子送去补习。在我所在的城市里，孩子补习几乎成了一种风尚，不管家里有钱还是没钱，家长都愿意出钱给孩子找补习老师。

千方百计地给孩子找补习老师，从侧面反映出现在的家长对孩子的期望值过高。在这种情况下，家长辛苦，孩子也辛苦。我遇到过一个读初一的孩子，他是家里的独生子，成绩很一般，家长对他寄予很高的期望，比较近的期望就是让孩子考上当地的重点高中。那个家长很早就给孩子报了补习班，每个周末都要去补课；同时，那个家长还给孩子报了各种兴趣班，从此，那个孩子整天跑来跑去，没有了往日的欢声笑语。

现在不少家长都希望自己的孩子能考上重点高中，考上名牌大学，以后找一份满意的工作。所以，家长几乎天天都在鼓励孩子好好学习，孩子忙得要命，每天起早摸黑，挑灯苦读，连难得的周末时间都用来补课了。

话说回来，家长对孩子应该有所期望，但期望要有个度，过犹不及。家长给孩子一个恰当的期望值，对孩子的成长有一定的促进作用。实际上，家长对孩子最大的期望不应该只是集中在学习上，而应该把目光放得长远一些，多关心孩子的精神成长、天赋培养，使孩子能够健康、快乐、幸福。

3.你对孩子的教育方式恰当吗

家长是孩子的第一任老师，其言行举止都将潜移默化地影响孩子的成长。有的家长比较宽容，教育孩子得法，他们看似不管孩子，但孩子的心却与家长靠得很近；有的家长粗暴，采用暴力手段管教孩子，孩子看似被管得服服帖帖，但孩子却容易出现逆反心理和抵触情绪。

小丁刚上小学五年级，看起来却像个小老头，原因在于他从小就生活在一个暴力倾向比较严重的家庭里。在他很小的时候，父母就对他管得很严格，只要他一犯错误，小丁爸就会把他痛打一顿。有一次，小丁的数学只考了57分，他爸知道后，就拿起皮鞋往小丁身上猛抽，连邻居看了都觉得心疼。后来，小丁像变了一个人似的，不再喜欢与同学交往，经常低着头独来独往，学习成绩也变得越来越差。

一些家长喜欢用暴力使孩子屈服，但这种教育方式发挥的作用只能是暂时的，不可能起到一劳永逸的作用。相反，在暴力环境下成长起来的孩子，对人或事物特别敏感，郁郁寡欢的居多数。家长应该以理服人，要让自己的孩子发自内心地爱你，而不是怕你。

4.你对孩子的老师有要求吗

说到这个话题，估计很多家长都在想，对老师当然有要求了。

有一年开学后，我给学生布置了一个作业，让他们请自己的家长写几句对新学期老师的期望和要求。我忐忑不安地等待着孩子们把家长的话交给我，担心的是没几个家长会在意这一点。

出乎意料的是，我陆陆续续地收到了全班学生家长的留言。有的家长写道："我的孩子在家很调皮，我们家长都感到头疼，希望老师对孩子严格一点儿，严师出高徒。"有的家长说："我们选择这所学校，看重的是学校的严格管理和教学质量。我们希望老师能够关注到大多数孩子，不论孩子的成绩是好是差，不论孩子是听话还是捣蛋，我们只希望老师能够成为孩子的朋友，成为孩子成长道路上的引导者。”有的家长深情地写道：“可怜天下父母心，哪一个父母不希望自己的孩子能够听话懂事？我家小孩性格内向，不善于表达，希望老师能够成为他最好的朋友，当孩子孤单的时候，老师会伸出温暖的手；当孩子遇到挫折或失败的时候，老师能给予极大的鼓励，让孩子从失败中重新站起来。最后，我只想对为孩子付出了艰辛劳动的老师说声‘谢谢’。”……

当然，也有一些家长提过这样的要求，比如：“希望老师改变教学方式，合理安排学习和玩儿的时间。”“希望老师布置的作业多一点儿，让孩子的成绩再好一点儿。”“希望老师和家长一起努力，引导孩子。”“希望老师能与我们及时沟通，帮助孩子改掉坏习惯。”……

从这些家长的留言中，我们不难看出，家长对老师的要求是多方面的，既有学习上的，也有生活上的，但有一个共同点就是，希望老师能多关注孩子，引导孩子健康成长。从本质上说，家长希望老师能够对孩子充满爱心，对教育工作充满热情，耐心地教育好孩子。

不论怎样，家长和老师之间的沟通是必要的，而且，只有有效地沟通，才能真正了解双方的个性特点和期望，加深双方的信任和理解。

小提示

不要在老师面前打孩子

有时候，孩子在学校出了事情，比如打架、学习成绩不好、有不良行为等，家长常常被老师请到学校里谈话，老师有时也会把孩子叫过来，当着家长的面历数孩子的不足之处，缺乏耐心的家长可能会生气，在老师面前打孩子。

我很不赞成家长的这种粗暴行为，因为这样会使孩子觉得很没面子，是对孩子的不尊重，会伤害孩子的心灵。再说，孩子已经受到了老师的批评，如果我们再当着老师的面打骂孩子，就容易使他产生逆反和怨恨心理，从而使亲子之间的沟通变得越来越困难。

其实，在这种情况下，家长最好能保持中立态度，多倾听老师的意见，不要妄下结论。家长可以等老师批评结束之后，再慢慢地和孩子谈话。

六、家长心目中最需要沟通的事

孩子一上学，最忙的要数家长了。家长不仅要为孩子选择学校，为孩子上学准备各种用品，而且对孩子学习的担忧就此开始了。家长的担忧有这样几个方面：担心孩子不能适应学校生活；担心孩子没有朋友，会受人欺负；担心孩子的学习成绩不好；如果孩子住在学校里，家长还会担心孩子吃不好、睡不好等。总之，孩子一上学，家长就开始没完没了地担心了。

所以，孩子上学后，家长最好与老师进行沟通，将自己的想法告诉老师。孩子第一次上学或者孩子换了新老师，家长都应该把孩子的性格特点、生活习惯告诉老师，目的是让老师能够了解孩子，帮助孩子适应学习环境。当然，家长可以根据孩子自身的需求，向老师提一些切实可行的要求，针对孩子的特点采取相应的教育措施。

现在家庭大都是爱子心切，孩子成了家庭的宝贝，很多孩子在家非常活泼，可一到学校就难以适应环境。孩子刚进学校，很多家长就在问：我的孩子在学校会怎样呢？

盼盼一出生，全家人就围着她转，她成了家里的掌上明珠。为了让盼盼接受最好的教育，家长花了不少钱，好不容易挤进了一所名校。上小学的第一天，盼盼爸妈一起把孩子送进了学校。刚进校门的时候，盼盼还十分开心，像一只快乐的小鸟。由于学校实行全封闭管理，学生的午餐都在学校吃，有很多离家远一点儿的学生就干脆住在了学校里，盼盼的午餐也在学校里吃。

那天下午放学回家，盼盼妈在学校门口等着，只见盼盼急匆匆地跑出学校，一下子扑在妈妈怀里哭了起来。盼盼妈感到莫名其妙，就问孩子："你怎么了？告诉妈妈，是不是同学欺负你啊？"盼盼摇摇头，继续哭。

盼盼回家后，心情一直不太好，无论盼盼爸妈怎么问，都问不出什么名堂，不知道发生了什么事情。盼盼爸提议给孩子的班主任打个电话，但又不知道怎么说，就一直没给老师打电话。

等到第二天早上，盼盼像往常一样很早就起床，可脸色不好，多了几分忧郁，呆呆地坐在小凳子上不肯出门。盼盼爸妈十分疑惑地看着孩子，搞不清楚是什么原因，为了不耽误孩子上学，就把孩子抱进了车子，准备送孩子去学校。盼盼也没哭没闹，一下车就去了学校，但少了往日的活泼。

这天下午，照样是盼盼妈在学校门口接孩子，看着其他孩子活蹦乱跳地跑出来，盼盼妈也期待自己的孩子能够兴奋地跑出校门。可盼盼妈等来的是一个满脸沮丧的孩子，盼盼像被什么吓着似的哭个不停。

盼盼的反常表现让盼盼爸妈很担心，盼盼爸终于忍不住了，打电话给孩子的班主任询问情况，想让老师对盼盼的哭闹情况做出解释。经过和老师的一番交流，盼盼爸才了解到孩子的情况可能跟不适应新环境有关，于是盼盼爸准备抽空去学校看看。

一连几天，盼盼都是很不情愿去上学，又很不情愿地从学校出来。盼盼爸为此去了一趟学校，终于找到了孩子上学哭闹的原因。原来盼盼从小娇生惯养，吃东西很挑剔，她第一次在学校吃午餐，居然找不到自己想吃的菜，而她又不好意思向老师提要求。再说，在家里，她可以随便吃东西，而学校却不同，盼盼一时难以适应。加上新的学校学习环境跟以前的幼儿园有很大不同，不仅同学是新的，老师也是新的，而且现在的老师不像以前幼儿园里的老师那样亲切和蔼了。面对这样一个全新的环境，盼盼感到既陌生又紧张，还怀念起以前的生活。这种心理落差，是造成她哭闹的最主要原因。

盼盼爸妈知道孩子的情况之后，他们和老师一起为盼盼适应学校生活做了一些引导。先是老师关注盼盼，在课堂上表扬她。只要盼盼情绪有了一点儿好的变化，盼盼爸妈和老师就表扬她。盼盼妈还试着调整了盼盼在家的饮食，逐渐向学校饮食靠近。另外，老师允许盼盼带一些自己喜欢的东西进学校，比如小玩具等。经过一个多月的引导和调整，盼盼终于适应了新学校的生活。

由于每个孩子性格和生活环境的差异，适应新环境总有快慢之分，这都是正常的现象。关键在于家长要细心观察孩子入学后的一举一动，孩子的情绪毕竟是外显的，常会把情绪表现出来，比如哭闹、赌气、逃避等。家长一旦发现有反常情况，可以试着向老师了解情况，但千万别责怪孩子和老师。在了解到真正原因之后，大人应该和老师一起商量一些对策，帮助孩子尽快适应环境。

孩子能否适应环境是每个家长关注的一个问题，孩子在学校里学到什么同样是家长比较关注的一个问题。很多孩子放学回家，家长就会抢着问：“今天老师教了什么？”“告诉妈妈，你今天学了什么？”“孩子，今天有新的收获吗？”这些都反映出现在的家长非常关心孩子的学习情况，几乎所有的家长都将自己的希望寄托在了孩子身上。但实际上，不少孩子都不喜欢家长的这种问法，往往是躲躲闪闪地回答。

当然，不同的家长对孩子的学习关注程度不同，但关注的内容几乎都是相同的。比如，很多家长最关心孩子的学习能力，常有家长这样问老师：“我的孩子学习能力怎么样？”“孩子聪明吗？”“孩子的接受能力怎么样？”因为在很多家长看来，孩子的学习能力强，他的学习兴趣就相对浓厚些，这关系到孩子能否考出好成绩。对于学习能力相对弱一点儿的孩子来说，家长会比较担心，因为家长怕孩子在学习上掉队。

学习兴趣和学习习惯也是家长比较关注的问题。我们常说，兴趣是最好的老师。孩子学习兴趣高，就意味着孩子很有可能主动学习。除此之外，一些家长认为孩子的学习习惯需要从小培养，好的学习习惯成就好成绩。比如，培养孩子早睡早起、独立思考问题、独立完成作业、与同学合作等学习习惯。

孩子是家庭的希望，有些家长甚至巴不得天天坐在学校里，看着孩子上课。我记得有一个家长曾这样问我：“老师，我能天天到学校看看孩子上课的情况吗？”我能理解那位家长的心情，因为她的孩子成绩不是很好，而家里人又渴望孩子能考出好成绩。家长可以隔一段时间到学校了解孩子的学习情况，听听任课老师的意见，但最好别站在教室门口张望，更没有必要天天到学校来询问，家长完全可以通过其他方式和老师沟通，了解孩子的课堂表现。

我们知道，家长关心孩子在课堂上的表现，同时也关心老师的教学情况，这是每个家长的权利。一般来说，家长比较在意老师的教学水平、教学是否负责、教学内容和方式等，家长喜欢的是那些教学水平高、认真负责、教学方式受学生欢迎的老师，而有些新老师由于教学经验缺乏，有时会受到家长的质疑。

孩子上学后，家长会经常这样问孩子："老师怎么样？""老师布置了多少作业？"如果作业量少，有些家长就会说："老师怎么这么不负责任！"2009年下半年，全国教师实行绩效工资，有不少城里的老师不满自己的工作量，便纷纷要求学校领导向农村学校靠拢，取消学生夜自修制度。我所在的城市，有一所名校刚刚取消夜自修，就有很多家长在网上发帖子表示反对，说学校老师不负责任，还有一些家长甚至直接跑到学校闹事。到最后，那所学校还是恢复了学生夜自修。

曾经有一段时间，全国上下都在为学生减负，老师也减少了学生的作业量，结果还是遭到了家长的反对。当时我正好在一所初中工作，有几个家长就打电话给我，问道："老师，你们这样做能保证学生出成绩吗？这是老师对学生负责的表现吗？"我当时非常无语，不知道该如何回答。

在应试教育的大背景下，家长自愿成为这种教育的维护者和呐喊者，家长特别关注孩子的学习情况也是可以理解的。除此以外，家长还会比较关心孩子在学校的安全问题，比如，孩子是否和同学和睦相处，孩子有没有被同学欺负，孩子有没有在学校发生磕伤，等等。

假如孩子在学校发生了意外，比如孩子身体受伤等，所有家长都会心急如焚，巴不得马上冲进学校弄清事情真相。

有一年秋天，小高妈跟我谈起她的委屈。事情是这样的：有一天，全校学生要到操场集合，小高匆匆忙忙地跑下楼。不巧的是，小高不知道被谁一推，整个人滚下了楼梯，结果还被下楼的同学踩了几脚，幸亏被老师及时发现，才被送进了医院。

事情发生后，小高家长连忙赶到医院，并要求学校赔偿相关费用。而学校认为这只是意外，坚持不赔偿。双方就这样僵持着，小高家长后来还到学校闹事，最终使双方的矛盾越来越突出。最后，直到当地教育管理部门出面才了结了此事，学校最终赔偿了一部分医疗费用。幸好小高的伤势不是很严重，没住几天院就回家了。

可见，相对于孩子的学习而言，从某种程度上来说，家长更倾向于关注孩子在学校的安全问题。总之，细心的家长可能会很好地利用家校沟通这个机会，和老师一起努力，为孩子的健康成长打下基础。

七、选择与老师沟通的最佳时机

皮皮读三年级的时候，有一次在学校闯祸了，他不小心推倒了一个同学，害得对方从楼梯上滚了下来，伤得不轻。那天下午，班主任打电话给皮皮妈，要求她去一下学校。第二天上午，皮皮妈怀着忐忑不安的心情去学校找老师。

皮皮妈到学校时，正好是上课时间，班主任上课去了，其他老师招呼她先在办公室等候。下课的时候，皮皮妈见到了匆匆赶来的班主任，谈起了孩子的事情，询问受伤的孩子怎么样了。由于老师还有课，只好非常简略地说了说情况，短短的课间10分钟一眨眼就过去了，班主任又匆匆赶去上课。

皮皮妈知道自己来得不是时候，便准备回家。突然，她灵机一动，想到应该给老师留个言，把自己的问题及想法告诉老师。于是，皮皮妈找来纸和笔，写下了自己的问题。虽然只是短短的几句话，但其所起到的作用并不小。等到放学的时候，老师主动打电话给皮皮妈，谈起了皮皮和那个受伤孩子的情况，以及怎样教育皮皮的问题。老师还给皮皮妈提供了许多教育方法，让她在家尝试。最后，老师把自己的空余时间告诉了皮皮妈。

通过这次的沟通经历，皮皮妈明白了选择最佳沟通时间的重要性。从那以后，皮皮妈都会选择恰当的时间将孩子在家的情况直接告诉班主任。老师也针对皮皮的特点，给予他鼓励和帮助。这样坚持了几年，皮皮妈养成了与老师沟通的习惯，孩子的问题也越来越少。

在生活中，家校沟通显得日益重要，选择合适的时间是成功沟通的良好开端。假如家长发现孩子在情绪上、生活上出现了异常现象，最好能够在第一时间联系老师，但前提是不要在老师上课的时候和深夜打电话，因为这样会打扰老师的工作和休息，可能会产生相反的效果。

曾有家长告诉我，有一段时间，孩子的成绩下滑了不少，她很想了解孩子的学习情况，于是就在那天上午打了班主任的手机。不巧的是，老师的手机一直无人接听。家长很着急，以为老师故意不接陌生电话。那天傍晚，老师给家长回了电话，建议家长在上班时间最好以短信的方式给老师留言。原来，老师当时正在上课，手机处于静音状态。

需要补充的是，家长给老师短信留言后，如果在一天内没得到老师的回应，可在第二天的下班时间打电话向老师咨询。即使老师因各种原因没有及时回复电话，家长也用不着疑虑，可以尝试在空余时间跟老师沟通。

选择合适的时间和地点是有效沟通的基础。我经常听到有些家长的抱怨，说白天给老师打电话不接，给老师发微信不回，给老师提醒也不理……问题出在哪里呢？问题就在于家长没有抓住沟通的最佳时机。我认为有这样几个时机比较重要：

1.开学第一天

开学第一天，家长往往把孩子匆匆送到学校就离开。其实，这样做不好。我记得有一个家长在孩子开学第一天的时候，是这样做的：她准备了一份孩子的资料。这份资料罗列了这样几个问题：孩子的身体状况、性格、兴趣爱好、饮食习惯、睡眠习惯、在家表现等，让老师一看就知道孩子的具体情况。给老师提供的信息越详细越好，可以从孩子的成长特点入手，老师更容易把握孩子问题的特点。细心的家长可以在孩子入校的时候，将孩子的情况做成一张表格交给老师。

2.早晚接送孩子的时候

早上家长送孩子去学校的时候，可以向老师交代一下当天需要注意的事情，比如："今天孩子情绪不好，需要老师关注一下。"如果孩子在家里出了一些事情或问题，家长要及时告诉老师，例如孩子生病后需要忌口，哪些食物少吃或不能吃；在吃药的孩子，家长应事先写好姓名、药名、用法等；又如孩子在家受伤后，不能参加剧烈运动，需提前告诉老师。另外，如果孩子要请假，最好在上课前告诉老师。

下午家长接孩子回家，向老师询问孩子当天在学校的表现和生活情况：哪些表现比较突出？哪些方面需要家长协助配合？这样不但能够拉近双方的距离，而且更能全面地了解孩子。

3.晚上

假如孩子出现的问题比较大，沟通内容复杂，例如孩子心理存在问题或行为习惯不好，让家长头疼又不知道如何去解决，家长需要向老师咨询请教的时候，可以选择晚上通过打电话等方式，与老师一起分析，共同商量探讨解决问题的策略。

家长可以事先预约老师，并说明情况，征得老师的同意。在选择见面地点方面，需要考虑地点的远近，最好征求老师的意见，比如在办公室、家里或茶楼等，还要注意环境，比如是否安静，太吵闹的地方不利于交谈。

4.家长会、学校开放日

一般的中小学都有“学校开放日”，邀请家长到学校参加某个活动或参观校园。老师会在这些时间热情地接待家长，告知孩子的情况。在家长会或学校开放日的时候，老师与家长接触的时间相对长一点儿，也可以选择一对一的单独沟通。如果想了解孩子在学校里的情况，可以趁这个机会向老师问问。如果在教育孩子时遇到了一些问题，需要老师协助帮忙的，也可以选择这个时间和老师谈谈教育孩子的方式。由于家长会时来的家长比较多，老师也不可能细致地照顾到每一位家长，所以家长可以在家长会开始前或结束后跟老师就某个问题具体探讨。只要家长态度真诚，虚心求教，每个老师都会认真细致地解答，想方设法地帮助家长。

5.老师家访的时候

在孩子正式上学之前，主课老师可能选择一个时间点家访，目的是了解孩子的性格、个性、习惯、兴趣、爱好、饮食、睡眠等情况，以便更好地适应学校生活。在这个时候，家长向老师了解孩子的课程设置、任课老师的特点、学校的饮食、午睡、安全等情况。

如果是学期结束的时候家访，那家长可以跟老师谈谈孩子在家的表现，对照一下在学校里的表现；聊聊教育孩子过程中遇到的问题。

家长应与老师多谈一些孩子的习惯、品德、兴趣、交际能力等，少谈些学习问题；多说说孩子的积极表现，少聊些孩子的消极行为，尽可能正面引导孩子成长。

其实，家长可以事先预约老师，并说明情况，征得老师的同意。在选择见面地点方面，需要考虑地点的远近，最好征求老师的意见，比如在办公室、家里或茶楼等，还要注意选择安静的环境，这样更有利于交谈顺利进行。总之，有效沟通从选择最佳沟通时间开始。

小提示

家校有效沟通的妙法

在与老师沟通时，家长最好能做到以下几点：

第一，孩子有问题，家长要客观陈述自己所见和详细描述孩子存在的问题。有些家长知道孩子的问题，但却不知道如何表达，又担心表达不好，就一直没将孩子的问题表达清楚，这是非常可惜的事情。所以，家长如何准确陈述孩子的问题非常重要，因为这关系到家校合作的成败。

第二，给老师提供的信息越详细越好，可以从孩子的成长特点入手。很多时候，孩子的问题有很多关联性，家长在给老师提供信息时，要注意孩子所出现的问题跟哪些因素有关。家长提供的信息越详细，老师越容易把握孩子问题的特点。

第三，家长要说说自己的感受，让老师知道你是怎么看待孩子的问题的。

第四，列清单。罗列一张孩子在家表现的清单，并注明自己的期望。

第二章

如何提高沟通质量

沟通的成败在于彼此都能心平气和地坐下来就事论事，能倾听对方的声音，反思自己的教育方式，最终达成共识。在这个过程中，家长也应该有同理心，能站在老师的角度看问题，与老师紧密合作。

一、沟通不是炫耀口才

小宁刚上三年级，经常在课堂上开小差，数学成绩特别不好，从来没有及格过。小宁的班主任邀请小宁妈到学校谈一谈孩子的学习问题。小宁妈想，孩子成绩不好，去学校见老师准没有好事情。再说，自己性格内向，平时就不擅长沟通。

小宁妈对我说了她的苦恼，我和她聊起了有关沟通的话题。小宁妈困惑地问："像我这样笨嘴拙舌的人，会不会影响沟通效果呢？"

类似小宁妈这样的问题，我听到过好多次，他们都担心自己没有良好的沟通口才。其实，家校沟通与其他场合的沟通（比如商业谈判、谈判专家解救人质、竞选者与选民的沟通等）相比，还是有很大区别的。

我说："对家校沟通而言，沟通的成败不在于交流时间的多少和谈话内容的多寡，重要的是你能否准确无误地将信息传达给对方。"

小宁妈想了想又说："老师，您可能不知道，我有个朋友口才超级好，她和老师说起话来，肯定是三天三夜都聊不完。我常和她一起到学校了解孩子的情况，她跟老师特别能聊，而且老师对她也特别热情，但老师对我总是不冷不热的，是不是因为我不擅长沟通的缘故？”

我对小宁妈说：“你说的情况确实存在，性格外向又善于表达的人很容易拉近彼此的距离，这对沟通有一定的帮助。但是，沟通的成败要由其效果来检验，夸夸其谈不一定就能收到良好的效果。如果沟通双方偏离了谈话主题，即使彼此聊得非常投机，也不能解决任何问题。”

我接着说：“在商业谈判等场合，我们的确需要有说服力的口才，但并非所有场合的沟通都需要出众的口才。真正用得上口才的是说服老师的时候。如果家长想说服老师，有个好口才会使你在沟通中表现得更出色。但家校沟通很少出现说服类的沟通，一般以信息告知类居多，即家长将孩子的成长信息告诉老师，这时候我们只需要一种简单的信息陈述。”

小宁妈说：“或许您说得也对。虽然那个朋友很会和老师谈话，但我发觉她跟老师所说的话题大都跟孩子的成长没有多大关系，她的沟通效果估计也是有限的。”

“是的，好口才不等于有效沟通，所以，你也没必要这样紧张了。‘笨嘴巴’照样能产生有效的沟通。”

然后，我举了一些事例，想借此说明沟通不需要炫耀口才，而是一种十分朴实的交流，双方只需认真对待谈话的问题就可以了。

我在学校做老师的时候，也碰到过一位特别健谈的家长。有一次，我把他请到了学校，原因是他的孩子学习成绩特别不好，想和家长商量一下对策。

那天下午，家长过来找我，一见面便热情地问道："老师，我的孩子成绩怎么样？"我直接把学生的具体情况告诉了家长，我说："你的孩子在学习方面没有养成良好的学习习惯，成绩一直上不去，我们老师都为此感到非常苦恼。"

家长听后，连忙说："现在生活条件宽裕了，孩子不像我们小时候那样勤奋学习了。"家长跟我谈起他自己小时候的学习情况，还说到了自己的工作，谈了许多社会新闻。家长越说越起劲儿，简直是一个口若悬河的"谈判高手"。所谈的话题越扯越远，我很想中途插话，但出于礼貌，就一直没这么做。直到学生放学了，他才想起要接孩子回家。

整整一个下午，我们没谈出什么结果，只听他在一边滔滔不绝地讲述。这样的沟通既浪费时间，又没有实际意义，所以，在家校沟通中，家长应特别注意这一点。

作为老师，我比较欣赏那些能够把话说在心坎儿上的家长。这么多年来，我比较欣赏这样一个家长，她在第一次和我沟通时说："老师，我想把孩子以前的具体情况和您说一下。"接着，说起了孩子的性格、生活习惯、学习成绩、与人交往等情况，而且思路清晰，没有半句废话。

说白了，家校沟通需要真诚，不需要用优美的语言作为修饰。真诚需要沟通者能够坦然面对孩子的成长问题，敞开心扉地交流。在这个过程中，有可能出现意见不合，这都是正常现象。

沟通需要坦率，不需要拐弯抹角地说。有些家长在和老师交流时，喜欢绕圈子，把一个简单的问题说得非常复杂。其实，家长没必要这样，最好能有话直说。

当然，家长真诚和坦率并非什么话都说，同样需要注意分寸。有些涉及家庭隐私方面的内容，家长就应该有所保留。如果发现老师有错误，家长最好不要当面揭短，以免让对方陷入难堪的境地。

有人说，能和老师聊得来就是好沟通。但我认为，家长和老师聊得投机，并非就是好沟通。很多专家研究认为，沟通者的语言及形体动作过于丰富并非好事情，反而有可能使对方反感，破坏沟通氛围。

从这个角度来说，家长首先要做的是理清沟通思路，确定谈话内容。只要家长能够把这些做好，一个毫无口才的人照样能进行积极有效的沟通。离开了这一点，再怎么花哨的言语都将是一种摆设。

有时候，家长遇到的问题既多又复杂，在和老师沟通之前，可以先列一张清单，把主要内容以要点的形式罗列出来。

需要理清这样的思路：（1）我该和老师谈些什么？（2）认清沟通的性质，是一般性的信息告知还是讨论协商式的沟通？（3）我该怎样切入话题？一般以直接切入话题为最佳。但如果所谈论的话题涉及老师的一些不当行为，一般应先从问题的严重性及后果切入，这也是在提醒老师反思自己的行为。（4）整个沟通过程不能偏离孩子成长这个主题。（5）沟通结束时，家长可以表明自己的态度，即你怎样看待孩子的成长问题及如何处理这些问题。

在沟通的时候，家长最好能够长话短说，三言两语也是沟通。如果家长比较忙碌，也可以和老师以手机短信、微信、QQ留言、家校联系卡留言等方式沟通。

小提示

如何让孩子认真听课

很多老师最头疼的是孩子上课爱说话，这样不但影响了课堂纪律，还影响了上课进度，所以，孩子一说话，常常被老师点名批评。那么，怎样帮助孩子纠正这方面的错误呢?

第一，家长和老师要理智分析其中的原因，弄清造成孩子上课爱说话的真正原因是什么。

第二，家长要及时和老师沟通，以激励孩子的方式帮助孩子纠正上课爱说话的缺点。只要孩子稍微有了进步，家长和老师就要及时表扬孩子。

第三，培养孩子良好的学习兴趣，使孩子上课能集中注意力。

第四，家长和老师都要有足够的耐心。孩子上课爱说话，不可能一下子就改变，还可能会出现反复现象，需要家长和老师耐心地引导。

第五，让孩子懂得如何遵守规则。不管是在学校，还是在其他场合，每个人都需要遵守一定的规则，这是现代人文明礼貌的体现。所以，家长要培养孩子的规则意识，逐步使孩子做到自我约束。

二、家长和老师沟通的“黄金法则”

听李明妈说，李明刚读八年级的时候，正处于青春期，叛逆性很强，经常在学校被老师点名批评。有一天上午最后一节数学课，他居然比往常更加肆无忌惮地在教室里发出各种怪音，一会儿哼歌，一会儿吹口哨，一会儿哈哈笑，数学老师气得要赶他出去，结果就这样他跟老师吵了起来，最后弄得整个教室沸沸扬扬，没办法上课。

那天中午，老师拨通了李明家的号码，接电话的是李明妈，班主任头一句就说：“麻烦你下午到学校来一下，你的孩子实在很不听话，老师都没法上课了。”下午的时候，李明妈来到学校找老师。

一到办公室，年纪比李明妈小很多的班主任向她痛陈了李明的“光辉业绩”，一是周末作业没完成，二是在作文里写老师坏话，三是那天上午上课顶撞老师。班主任的语气十分激动，动不动就说家长没尽到责任，对孩子缺少爱心，还这样说道：“你看你，都这么大了，连个小孩都管教不好，孩子怎么这样没素质？”

这让李明妈非常尴尬，没有脸面出现在学校里，巴不得挖个地洞钻进去。但不知怎么的，李明妈突然冒出一句："不用你们担心，我现在就带孩子回家，不来你们学校了！"顿时，办公室里的所有人都被惊呆了。

最后，在学校领导的调解下，事情终于得到了解决，但第二天，李明没去学校上课。后来，李明便转到其他学校去了，原因就在于李明父母怕老师对李明不好。出现这样的事情，我们不得不去深刻地反思。

很多时候，孩子在学校表现不好，老师不仅要批评孩子，还会将家长请到学校。在沟通的过程中，家长与老师也可能会出现摩擦，甚至吵架。像案例中的这种情况，可能是极个别的现象，但也不排除存在这样的事情。遇到这样的情况，我们又该怎么办呢？

家长被请到学校，一般是孩子犯了较大的过错，像孩子多次调皮捣蛋、学习不认真、和同学打架等；孩子的学习成绩突然间一落千丈，老师也会把家长请到学校。

其实很多时候，孩子在学校表现不好，老师不仅要批评孩子，还会将家长请到学校。等到老师叫家长去学校，多少有点儿被动，有些家长内心很不情愿。

在沟通的过程中，家长与老师也可能会出现摩擦，甚至吵架。人毕竟是感性动物，生活在喜怒哀乐之中。有时，人的情感会淹没理智。有心理学家研究表明，人在生气的时候智商最低，很容易妄下结论，而所下的结论90%都是错误的。所以，当老师生气了，家长千万别为孩子作任何的辩解，那样只会是火上浇油，使情况更加糟糕。

心理学上有一条重要的沟通法则叫“黄金法则”，最初来源于《圣经》中的这样一句话：“无论何事，你们愿意人怎样待你，你们也要怎样待人。”后来，这句话演变为一条沟通法则：“像你期望别人对待你的方式对待别人。”或者“怎样被对待，就怎样对待人。”也就是说，你以什么样的态度对待别人，别人也会以什么样的态度对待你。假如家长以粗暴的态度对待老师，那老师势必也会以同样的方式对待家长。

遵循这条法则，我们可以从以下角度反思家长和老师的沟通问题。

1.耐心听人发火也是一种素质。当别人对你发火的时候，我们时常会觉得委屈、郁闷，恨不得马上回击对方，最后闹得不欢而散，使原本简单的事情复杂化。

2.相互理解才是最主要的。老师冲着家长发火，从一定意义上说明孩子的问题很严重。家长若能站在老师的角度思考问题，像老师一样看到自己的孩子在学校里犯了错，哪一个家长不焦急万分呢？在这个时候，家长对孩子的不满和批评恐怕比老师还要多。当然，老师也应当理解家长的心情，能不发火时就尽量不发火，彼此心平气和地交谈或许更能解决问题。

3.家长要反思自己的教育方式。老师对家长发火并不是全无道理，有些因素的确是家长造成的，家长应反思自己对孩子的教育方式，探索适合孩子成长的教育方式。

这条黄金法则也叫“爱的法则”，是建立彼此的理解和信任基础，宽容彼此的过激行为，最终在对话中找到解决问题的方法。家长一旦发现老师很生气，最好不要向老师作任何的解释。有些家长看到老师发脾气，就拼命地为孩子的行为寻找各种理由，反而使老师越来越生气。

有些家长容易冲动，一看到老师发那么大脾气，就以为是和自己过不去，结果跟老师吵起架来。最理智的做法就是，家长要能站在老师的角度看问题，耐心倾听老师发火，即使火气非常大，也要尊重老师的人格，切不可因此和老师发生摩擦。

在这个过程中，家长最好不要说什么话，可以以点头的方式默认老师的话，也可以用简短的“是的”“那当然”“我能理解”等语句回应老师。

如果老师在发火的过程中，有辱骂家长或侵犯家长人格的行为，也要等他发完火之后再慢慢指出。因为人在发火的时候是最没有理智的，所说的话不一定就是对的，倾听者要善于分析其中语言的对错。

小提示

不做沟通的野蛮人

每个人都有自己的人格和尊严，家长对老师有意见，可以提出怀疑，但要注意场合，注意措辞和语气，注意批评方式，要关注老师的心理感受。

实际上，孩子一出事，家长就去质问老师，这样往往会给孩子造成一种特殊保护，不利于孩子的身心发展。另外，孩子还可能会模仿家长的做法，粗野地对待同伴和老师。

可见，家长的素质很重要，是孩子模仿和学习的对象。我们提倡不做野蛮人，目的在于学会尊重人，尊重沟通者的人格和尊严。因此，家长在和老师沟通时，最好能保持绅士态度，给孩子树立一个知书达理的好典范。

三、好沟通需要共识

有一个孩子，长得虎头虎脑的，十分可爱，可一提到学习，他就会犯困，总说学习很烦，见到老师也烦。他最喜欢和同学嬉闹玩耍了，上课坐不住，一上课就想着下课，实在难以忍受，常常假装上厕所去外面溜达。

这个孩子的异常行为引起了老师的关注，找他谈过话，也批评过他，可孩子依然我行我素，老师只好把家长请到了学校。老师把情况告诉了家长，说起孩子的毕业考试问题。家长也跟老师说了许多孩子在家的表现，但心急的家长很想立刻解决掉孩子的问题。

紧接着，老师还跟家长商量起解决方法。虽然双方都知道孩子存在严重的厌学现象，但他们都没有找到造成孩子不爱学习的实质性原因。例如老师觉得这个孩子从小没养成良好的学习习惯，学习目的性不强，孩子的坏习惯是长期积累的结果，没有一种方法能够立竿见影。家长则认为孩子很聪明，学习不好是太懒惰的缘故，只要严格管教就能改变孩子，她恳请老师帮忙教育孩子。

这次沟通就那样结束了，双方都有自己的想法，最终没有达成共识。孩子学习不自觉，家长伤透了心。眼看小学毕业考试在即，孩子妈妈很着急，给孩子换了多个家教老师，可孩子的坏习惯却一点儿也没改，这使她非常恼火。

家长对此百思不得其解。为了教育好孩子，她多次向老师请教方法。与以前不同的是，家长把自己教育孩子的方式告诉了老师，还委婉地和老师交换了自己的教育观念和做法，最重要的是她拿出了教育孩子的具体实施方案，写得非常认真细致。最后，老师与家长达成了教育共识，双管齐下，共同监督孩子的学习。

在生活中，不少家长和老师沟通之后，可能有这样的感受：自己辛辛苦苦找老师沟通，可为什么就没有效果呢？其实，问题就出在双方没有达成沟通共识。

家长和老师为什么达成不了沟通共识呢？我认为，有这样几个方面的原因：

（1）性格因素。有些家长和老师的性格差异很大，比如固执型的家长特别有主见，不大愿意接受老师的意见；急躁型的家长喜欢急于求成，在一些教育问题上很难和老师达成一致的认识。

（2）教育观念不同。

（3）解决问题的出发点不同。有些家长可能只看到孩子出现问题的表面原因，只想解决孩子的表面问题，而老师也许会根据自己的判断，看到孩子的深层次原因，希望从根本上解决问题。

（4）家长心存偏见。家长对老师有了偏见之后，一般很难认同老师的观点。

家长要和老师达成沟通共识，首先需要当面澄清问题。在沟通之前，家长需明确自己要跟老师谈什么问题。

接着，双方共同研究孩子的问题，可以各自列出孩子存在的问题及背后的原因，然后分析找出实质性原因，这是解决问题的重要一步。虽然双方在沟通时可能会出现争执，但本着教育好孩子的心愿，一定能够达成共识。

有了坦诚沟通之后，家长和老师很容易形成教育孩子的共识。那么，接下去就是共同教育孩子的事情了。这个过程需要耐心，特别是问题比较严重的孩子，需要家长和老师从孩子的特点出发，接纳孩子的错误，认可孩子的优点，激励孩子朝着好的方向发展。

小提示

家长与老师合作需注意什么

家长要想跟老师合作，首先要找到一个平衡点，并消除彼此的负面情绪。我们可以采用想象或期待的方式跟老师展开合作。

为此，我们可以借鉴以下几种合作技巧：

第一，孩子有问题，家长要客观陈述自己的想法，并详细描述孩子存在的问题。有些家长知道孩子的问题，但却不知道如何表达，又担心表达不好，于是一直无法将孩子的问题表达清楚，这是非常可惜的事情。所以，家长如何准确陈述孩子的问题非常重要，因为这往往关系到家长与老师合作的成败。

第二，给老师提供的信息越详细越好，可以从孩子的成长特点入手。很多时候，孩子的问题有很多关联性，家长在给老师提供信息时，需要注意孩子所出现的问题跟哪些因素有关。家长提供的信息越详细，老师越容易把握孩子问题的特点。

第三，家长要说说自己的感受，让老师知道家长是怎样看待孩子的问题的。

第四，列清单：罗列一张孩子在家表现的清单，并注明自己的期望。

第五，老师说说孩子的问题及其感受，让家长知道老师是怎样看待孩子的问题的。

四、沟通的成败在于管理情绪

孩子在学校出了问题，每个家长都担心、生气，也可能做出一些过激的行为。有些家长可能还为此大动干戈，跑到学校闹事。有些家长还可能利用发泄情绪的方式向老师施加压力。

思思因为比较内向，不善于和其他孩子交流，所以其他孩子都避着她，不愿意和她玩耍。刚开始的时候，老师还鼓励思思和同伴一起玩耍，可后来发现思思不好交流，也就渐渐地不那么关注思思了。这让思思感到更加不适应，后来演变成一进学校就感到浑身不自在。

从此，思思变得更加沉默寡言，总呆呆地坐在教室里。在学校里，这样的孩子一般不会出什么问题，但也很容易被老师忽视。可接下来的问题让思思家长感到不知所措，孩子的学习一塌糊涂，在学校里根本没学到什么。每当思思放学回家后，她的家长总要和她一起读有拼音的故事书，可思思却认不出几个字，而且她的记忆力非常糟糕，刚说过的话转眼就忘了。

思思家长带她去医院检查之后，发现她的智力正常，却患有轻微的心理障碍，并有愈演愈烈的趋势，其原因在于孩子长期被人孤立。这时思思家长想起了孩子的学校，问题可能就出在老师和同学身上，最主要的问题可能是老师的缘故。

这么小的孩子就有心理问题，这让思思家长非常不理解，也非常生气。但经过周全思考后，思思家长认为孩子毕竟要向前发展，就因为孩子现在出了问题而找老师麻烦，恐怕会使孩子受到更大的伤害。于是，思思家长带孩子去学校时，没有向老师兴师问罪，而是感谢老师对孩子的辛苦管教。

这之后，老师不但特别关注思思，还想方设法让思思参加各种活动，并鼓励其他孩子和思思一起玩耍。经过半学期的努力，思思逐渐变得活泼开朗起来。看到孩子有转变，家长很感谢老师，而老师的工作在得到家长认可之后，也充满了自信心，更加努力地做好本职工作。

有的家长可能会这样认为，孩子在学校出了问题，受了委屈，哪个家长会不心疼？怪罪老师又有什么不对呢？

其实，任何一种粗野的手段都解决不了问题，反而会适得其反。粗野的手段可能会暂时让对方屈服，但不会取得对方的信任，会掩盖一些实质性的问题。有时候，很简单的一件小事，因为家长沟通不当，而使事情变得无比复杂。有时候，老师很想帮助家长解决孩子的问题，可因为家长的粗野态度，而没有很好地沟通下去。在很多老师看来，最担心的有这样两类家长：一是对什么都漠不关心的家长，二是喜欢闹事的家长。当然，老师最怕的是那些喜欢闹事的家长，因为这类家长往往行为野蛮，动粗的可能性极大，这是老师最不愿意见到的。

人与人之间的关系就这样微妙。每个人都有自己的人格和尊严，而且都不允许别人侵犯自己的人格和尊严。家长对老师有意见，可以提出怀疑，但要注意场合，注意措辞和语气，注意批评方式，要关注老师的心理感受。

值得注意的是，孩子一出事，家长就找老师质问，会给孩子造成一种特殊保护，这样不利于孩子的身心发展。另外，孩子还会模仿家长的做法，粗野地对待同伴和老师。

有些家长总以为，只要自己态度强硬一点儿，给老师施加压力，老师肯定会重视孩子，但实际上，这是一种十分荒唐的做法。要知道，沟通需要彼此互动对话协商，假如家长一味地发泄情绪，缺乏互相尊重，那已经不是真正的沟通了。

我认识一个朋友，在小学教书，工作一丝不苟。有一次，他在检查当天的语文作业时，发现有三个孩子的作业没认真完成。其中一个孩子甚至连一个字都不写交空白作业本上来，于是他就罚那个学生站在教室门口。不久后，我那个朋友正在办公室改作业，一个中年男子闯了进来：“哪位是二（3）班的班主任？我是学生家长！”朋友马上站起来迎接孩子爸，没等他开口说话，那个孩子爸已是火冒三丈了，责问道：“你这老师怎么回事！动不动就批评孩子，罚我儿子半天站在教室门口，你有没有素质？”

朋友一听，愣在一边，他还是第一次碰到火气这么大的家长。见孩子爸火气正旺，朋友给他倒了一杯茶，想让他坐下来慢慢说。可孩子爸依然很生气：“我本来并不知道这件事情，是邻居小孩告诉我，说我儿子被你罚站半天。你有没有想过，这么小的孩子，怎么经受得起半天的罚站？有你这么狠心的老师吗？”

孩子爸越说越激动，似乎没有要好好谈谈的意思。这时候，旁边的几个老师都过来劝说，他这才坐了下来。朋友马上给孩子爸解释说：“事情是这样的，早上我在班里检查作业，发现你儿子的作业没完成，就让他先到教室门口站着。大概没到5分钟，我就把他叫回了教室谈话。可能你的邻居小孩看见了，但没有表达清楚，你亲自问过孩子吗？”

孩子爸十分惊愕地说：“我问过儿子，儿子点了点头，他中午还吃不下饭，说老师很凶，罚他站着了。”

朋友继续解释说：“大概是你的邻居小孩煽风点火了，你的儿子没仔细说清楚，我把他叫过来，再问问就知道了。”

随后，朋友把那个孩子叫到了办公室，孩子一见他爸，吓了一跳。最后，事情总算真相大白，孩子亲口告诉大家，老师并没有罚他站一上午，是邻居小孩说错了，而我的朋友因为这件事情向孩子爸道歉，到最后弄得孩子爸不好意思地说：“老师，我没有把事情了解清楚就来找你兴师问罪，是我不对，我应该向你道歉才是呀！”

细心的家长可能会发现，孩子太小的时候，有时候不能很好地把事情表达清楚，有时候会夸大事情，把一件小事说成大事。如果家长都比较严厉，孩子还可能说谎，因为说谎可以逃脱家长的责骂。像刚才所说的那个孩子，他爸是一个非常严厉的人，所以当他爸问起他是不是被老师罚站半天的时候，他点了点头。在孩子看来，这是一种无奈，因为他这样说，可以博得家长的同情。

家长有时会在老师面前发泄情绪，大致有这样几种情况：

一是家长不明事情真相。当孩子被老师批评、处罚时，如果家长没有了解清楚事情的真实情况，偏信孩子或同伴的一面之词，很容易对老师产生不满情绪。

二是老师不负责任，家长着急。现在的家长都有很强的自主意识和监督意识。有些老师在教书之余，还做起生意或在外面补课，这样当然会影响一些学校的教学工作，出现不负责任的现象。我还了解到，有一个家长在检查孩子作业时，无意中发现孩子的作业本不是老师批改的，而是学生批改的，作业本上有稚嫩的批改字迹；孩子的作文本，老师居然连错别字都没改出来，只打了分数。自从家长发现这个问题之后，她多次找老师沟通，询问孩子作业的批改情况，还多次向老师提出自己的看法，她认为现在的有些老师对孩子太不负责任了。

三是孩子受了伤害，家长担心。有时候，孩子会被老师批评、处罚和误解，大多数孩子都会因此而受到伤害。有这样一个孩子，因为学习成绩不是很好，经常被老师罚抄作业。有一次，孩子作业又错得比较多，老师让他回家抄写5篇语文课文30遍，而且每篇课文都有1000多字，孩子抄到凌晨1点多都没有完成。家长怕影响孩子第二天上课，就命令孩子洗脸睡觉，可孩子却说完成不了作业，就会被老师罚站。家长一气之下把孩子的抄写本撕成两半，还给老师写了一张留言条，是这样写的："请不要误人子弟，请不要再透支孩子的生命，否则，我跟你没完！"家长的情绪是可以理解的，但这样的处理方式达不到效果。

四是家长想借发泄情绪给老师施加压力，这类情况比较少见。有些家长为了让老师重视孩子，想通过发泄情绪的方法来增加老师的压力。但实际上，这是非常不可取的做法，这样只会加深家长和老师之间的矛盾。

我们能理解沟通中的争执，也能包容沟通中的情绪宣泄。但是，沟通不是简单地发泄情绪，这样只会影响沟通，破坏沟通效果。当家长对老师有不满情绪时，应尽量调整心态，最好不要马上就去找老师，而应该等情绪稳定的时候，再和老师沟通。

需要指出的是，任何沟通都可能有情绪波动，但沟通是人与人之间平等的对话，双方都需要静下心来。忽视了这一点，沟通时只是宣泄情绪，这样只会使彼此陷入僵局。

我们提倡理性沟通，目的在于学会尊重人，尊重沟通者的人格和尊严。只要家长在日常生活中有意识地提高自身的素质，管理好自己的情绪，就能在家校沟通中取得良好的效果。

小提示

让沟通充满理性

家长和老师沟通时，由于彼此了解不多，会出现一些非理性行为，但良好的沟通是以理性为基础的，是一种理性的对话。在和老师沟通时，家长要多角度思考问题，不可认死理儿，钻牛角尖儿，尽可能从自己身上找原因，这是最基本的原则。另外，将沟通当作一种讨论，把孩子的问题拿出来探讨，用事实说话，而不是信口开河。

家长在和老师沟通时，可以发生争执现象，但仅限于问题的争辩，而不是谩骂，更不是人身攻击。

如果家长火气很大，不妨转移自己的注意力，先压住内心的火气，首先要考虑的是该怎样解决孩子的问题。

对于老师发火，只要没有出现人身攻击，家长也不必太在意，心平气和地对待就好了。

五、有效沟通从细节开始

在和家长们的交谈中，我发现他们常常抱怨和老师沟通没什么作用。比如，有家长说："我跟老师讲过很多次了，要老师多关照一下我的孩子，可孩子的成绩还是没上去。我跟老师要说多少次才有效果呢？"还有家长说："孩子在学校被同学欺负了，我让老师帮忙照顾一下孩子，可后来我的孩子还是被同学欺负。"也有家长说："老师总是很忙，跟他讲了没用的。"上述这些说法暴露出家长在和老师沟通时存在一些问题，双方的沟通没有达到预想的效果。

同样，老师也会埋怨家长。老师埋怨家长大多因为家长没有按照老师的话去做。我认识一个老师，他对学生非常负责。有一次期中考试后，他班上有一个学生的成绩一落千丈，一下子退步了19名，他把学生家长找过来谈话。在和学生家长的谈话中，老师发现家长的教育方式有点儿问题，据说那个家长对孩子很凶，经常以考不好就转学的方式威胁孩子学习。在那次期中考试之前，家长就告诉孩子：如果成绩没有进班级前10名，那就把他转到教学质量一般的学校。结果，那个孩子偏偏没考出令家长满意的成绩。当老师指出家长在教育孩子方面存在失误时，家长很乐意接受，也希望自己改掉不科学的教育方法，可从此之后，他的孩子越来越内向，甚至出现胆小怕事的情况，成绩也越来越差。

一些家长认为，自己已经很配合老师的工作了，但孩子的很多问题仍得不到解决。从表面上看，家长和老师貌似进行了非常坦诚的交流，但结果往往不是很理想。由此可见，家长和老师只有进行有效的沟通才能收到良好的效果。

教育家苏霍姆林斯基说过："教育的效果取决于学校和家庭的教育影响的一致性。如果没有这种一致性，那么学校的教学和教育过程就会像纸做的房子一样倒塌下来。"

家长在和老师沟通时，重要的是对孩子的问题有共同的认识，这是解决问题的基础，这样的沟通才是最有效的。

乐乐是一个活泼好动的孩子，但在她妈妈眼里，她却是一个内向的孩子。上四年级之后，乐乐经常在上课期间无意捣乱，影响周围同学上课，所以常遭到老师的批评。渐渐地，乐乐对所有老师都产生了难以理解的仇恨。有一次，她在日记本上写到自己恨死老师了，这日记碰巧被语文老师发现了，后来语文老师又把她的日记内容告诉了班主任。最后，班主任找乐乐谈话，并把乐乐批评了一顿。

事情并没那么简单，乐乐被老师批评之后，一回家就哭着撕书，正好被她妈妈看见了。她妈妈知道情况之后，认为小孩子哭闹之后就没事了，也没及时跟老师联系，结果却让学校老师对乐乐的反常行为更加反感。几天之后，乐乐妈被班主任请到学校谈话，说是想让乐乐换个学校学习。乐乐妈这下着急了，直到这时，她才知道自己的孩子在学校里闯了大祸。

好在乐乐妈不是一个急性子的人，她非常耐心地听老师讲述孩子在学校的种种表现。乐乐妈后来告诉老师乐乐的变化是从一节语文课开始的。当时，语文老师正讲得精彩，乐乐旁边的几个同学却在不停地讲话，结果老师当着同学的面批评了乐乐。那天乐乐回家后，气得不吃晚饭，说是自己被老师冤枉了。

在乐乐妈和老师进行了一番沟通之后，乐乐妈感叹道："如果我当时就找老师，那就不会出现如今的情况了。"心理学家认为，人在受到不明不白的侮辱时，最容易出现极端表现，像乐乐在被老师莫名其妙地点名批评之后，心里所承受的压力非常大，很有可能将这种压力转化为仇恨，进而由恨一个老师扩展到恨全体老师。

有了这样一番沟通之后，乐乐妈和老师都认为孩子的问题主要出在双方错误的教育方式上。就老师而言，老师对乐乐的批评方式不对，伤害了乐乐的自尊心，而且语文老师将乐乐的日记内容告诉其他老师，这也侵犯了孩子的隐私权。老师对乐乐不分青红皂白地批评，容易使孩子产生仇恨心理。就家长而言，乐乐出事之后，没有及时和老师沟通，这是最大的教育失误。有时，即使孩子的问题非常小，家长也应该了解清楚，因为每一个小问题都有可能转化为大问题。

另外，当孩子在学校受到老师批评而出现急躁、愤怒情绪时，家长不应该急躁，既不应该不问原因地指责孩子，更不应该和孩子一起在背后指责老师，这都会使孩子对老师产生仇恨心理。

有了共同的意见之后，乐乐妈和老师最先要做的就是帮助乐乐找回自尊心和自信心。

这件事虽然已经过去很久了，但却留在了我的内心深处，我深深感到，只有抱着教育好孩子的共同目的，家长和老师才能达到有效的沟通。否则，那种南辕北辙、貌合神离的沟通往往都是徒劳的。

当然，人与人之间总需要沟通，要使沟通产生效果，那就得从沟通的各个细节开始。注重细节的沟通才是最有效的沟通。

家长和老师沟通时还要做到周全，周全的沟通才有效。

第一，想得要周全。家长在和老师沟通时，先要理清沟通思路，列一份需要讨论的话题清单。比如，孩子在学校表现不好，家长要从多角度思考这个问题，可以将孩子在哪些方面表现不好、孩子表现不好的时间、孩子表现不好的外因和内因、孩子在家的表现等罗列出来。总之，家长在和老师沟通时，要先想清楚沟通内容，另外还要思考以什么样的态度和老师进行沟通。有些家长得知孩子在学校出了事，便火冒三丈，恨不得到学校跟老师吵一架。有个别家长依仗自己的权势或地位，对老师傲慢无礼。这些都是不正确的做法，会影响沟通效果。正确的做法是家长要理智思考需要解决的问题，做到想得周全，所以，好沟通要求家长多从老师和孩子的角度思考问题。

第二，做得要周全。有了周全的沟通思考，关键是如何周全地沟通。从沟通内容来说，家长和老师沟通时，要紧扣需要沟通的话题，千万别跑题。有些家长在和老师沟通时，喜欢拉家常，一说就忘了说主要话题，这样就影响了沟通效果。比如，家长要和老师谈谈孩子的学习问题，总不能以谈孩子的生活情况为中心，这样就偏离了沟通主题。

从沟通方式来说，现在的科技日新月异，人与人之间的沟通方式越来越多，家长和老师也不仅仅局限于面对面交谈或电话联系，也可以通过QQ、电子邮件、博客留言等方式进行沟通。

第三，好沟通以诚心诚意为基础。家长在和老师沟通时，切忌毫无诚意。老师也需要家长的理解和协助，家长的诚心会让老师感到欣喜，进而拉近彼此之间的距离，扫除沟通的障碍。

尊重老师是应该的，不管老师做错了什么，家长首先要尊重老师的人格。当老师因为孩子的表现不佳而出现情绪波动时，家长应表现出理解和关心，多从老师的角度思考问题。如果老师暂时不愿意和家长沟通，那么等到老师愿意沟通时，家长再和老师沟通。

第四，家长在和老师沟通时，不能批评孩子，更不能动手打孩子。很多家长容易受到老师的情绪感染，比如，说到孩子的成绩不好、表现很差，家长很可能在老师面前批评或打骂孩子。其实，这样的做法很不好，会让孩子失去自尊，进而对家长和老师失去信心。

当然，老师在和家长沟通时，一定要注意保护家长的自尊。在向家长反映孩子在校的缺点和所犯的错误时，尽量要进行单独沟通。另外，当家长非常忙碌的时候，老师最好不要打扰，可以另约时间沟通，否则会大大降低沟通效果。

好沟通是一个细节问题，要的是耐心和方法。只要从沟通细节进行认真准备，那么沟通一定会收到意想不到的效果。

小提示

家校沟通应注意哪些细节

第一，家长在与老师见面时，穿着要得体。

第二，说话语气平和，语速不宜太快，时常用目光注视老师。

第三，冷静多倾听，多听听老师的想法或意见。

第四，当双方意见不合，出现矛盾时，家长需要换位思考。

第五，家长也要有主见，不可随意附和老师，更不可在老师面前打骂孩子。

六、多安慰“难缠”的老师

我们先来看这样一个案例：

小安的班主任是一位非常有责任心的老师，可这位老师很喜欢向家长汇报孩子的情况。

一天下午，小安妈正在公司上班，突然接到老师的电话，老师在电话里陈述了小安在学校里不认真做广播体操的事情……

类似这样的事情还有很多。

说起小安这孩子，还真让人操心，有时候他会因为在路上和同伴贪玩儿导致上学迟到。那天上午，小安妈又接到老师的电话，说小安被老师罚站了，还要让小安妈到学校解释原因，并要求和家长签订协议，保证孩子以后不再迟到。无奈之下，小安妈只好向公司请假打车赶到学校。

学期结束时，小安妈细数了一下整个学期老师打来的电话，足足有39次，而且大多数都是一些很小的事情。和大多数家长一样，小安妈一向很尊敬老师，凡是老师要求做的事情，她都一律照办，但小安妈却不知道以后还会接到多少个老师的电话。

从上述情景来看，小安的老师的确比较负责和细心，但其工作方式也存在一定的问题，很容易引起家长的误解。

很多时候，只要孩子有问题，比如学习或行为不好，家长就会去找老师；同时，有些老师特别喜欢向家长告状，不管孩子在学校里发生了大事还是小事，他们都会找家长。

我们要搞清楚老师为什么要找家长，是孩子和家长的原因还是老师的缘故。例如，孩子忘带课本、作业本、资料费等，其责任当然是孩子和家长的。这样的情况比较常见，但有些老师非要让家长把孩子忘带的东西送到学校，就显得有些苛刻了。

客观地说，老师喜欢把孩子在学校发生的事情告诉家长，这本身是好事，家长首先要感谢老师的提醒，表达自己的歉意，然后和老师一起商量解决方法。如果孩子忘带课本，完全可以让孩子跟同桌拼书；如果孩子忘带作业本或资料费等，也可以和老师约定时间补交。

至于如何避免孩子丢三落四，最好的方法是让孩子养成自我管理能力，可以让孩子把一天要写的作业、任务罗列在一个本子里；在当天睡觉之前，检查自己是否全部都完成了，并准备好第二天需要带的东西。

至于孩子上学迟到、在学校犯错、上课不认真等情况，老师一般都会独立解决。除非碰到孩子屡次迟到、打架、偷窃等情况，老师会约请家长到学校协助教育。

家校沟通重在相互理解、体谅和支持，老师和家长要相互体谅，一方面，老师要体谅家长家务和工作的繁忙，对于那些自己能够想办法处理的事情，最好别去找家长，也别给家长增加压力；另一方面，家长也要理解老师急于教育好孩子的良苦用心，只有二者相互配合，才能达到良好的教育效果。

小提示

应对“难缠”老师的注意事项

当家长面对“难缠”的老师时，首先需要摆正姿态，不对沟通立场作预设。很多时候，老师向家长反映孩子的情况，家长很着急，总以为老师不喜欢孩子，总觉得老师可能是在小题大做。所以，在沟通之前，家长常常预设沟通立场，继而出现紧张、焦虑、烦恼、生气等情绪，破坏沟通效果。

其次，家长应谦虚诚恳，不应认为自己总是对的。有些家长在和老师沟通时，总以为自己的观点是正确的，经常将自己的观点强加给老师。例如，有些家长会说孩子小时候如何如何听话，并将孩子过去良好的表现和现在的表现做鲜明对比，试图把责任往老师身上推。

七、乐于与老师分享好东西

新学期开始不久正好赶上教师节，心悦妈给老师送了一份礼物。这份礼物有点儿特殊，是一本关于育儿的书——《育儿百科》，老师还是第一次收到这样的节日礼物。

开学第一天时，心悦就兴奋地告诉妈妈，老师的肚子里有小宝宝了。心悦妈一听，也为老师感到高兴。眼看着教师节越来越近，心悦妈想给老师送点儿东西以表示感谢。细细斟酌许久，她想到了送书给老师，把自己养育孩子时读过的书与老师一同分享。于是，心悦妈立刻在网上订购了《育儿百科》，这本书的最大特点是比较全面细致地讲解了育儿知识，内容包括从婴儿出生前及出生各个年龄段所遇到的育儿问题，而且非常实用。

教师节那天，心悦妈让孩子把礼物送给了老师。下午放学的时候，老师特地给心悦妈发了一条短信，说非常喜欢那本书，十分感谢心悦妈的礼物。从那之后，心悦妈决定继续跟老师分享一些好书，有些是育儿方面的，有些则是文学方面的。有一次，心悦妈看到一本关于如何管教孩子的书，马上打电话跟老师分享。

喜欢与人分享好东西，这本身是一种快乐，更是一种智慧。平时，心悦妈会主动约见老师，给老师讲一些怀孕知识、坐月子方法等，还跟老师一起探讨一些新的育儿观念。渐渐地，她们成了无话不谈的好朋友，老师也常常向心悦妈介绍一些自己读过的书和教育心得。

心悦妈与老师相互分享的做法，不仅为彼此的沟通打下了良好的基础，而且为心悦的快乐成长创造了良好的环境。

事实上，家长的一些小举动就能对促进双方沟通产生非常好的效果。心悦妈与老师相互分享好东西的例子，正好说明了这一点。

乐于分享的前提是真诚和友善，将老师看作自己的好朋友，无任何功利色彩。在现实生活中，大多数家长不大愿意跟老师分享，其中重要的原因在于家长的不自信，总觉得老师比自己懂的知识多，担心在老师面前说错话、做错事。其实，这些顾虑完全是多余的，老师也不是全能的人，不可能涉猎所有的知识，更不可能什么都懂。所以，分享具有很大的互补性，家长与老师的相互分享对双方的工作和生活都有益。

可以分享的好东西有很多，例如分享彼此共同关心的教育方面的知识。家长可以把自己所知道的养育、管教知识分享给老师，哪怕是一篇博文、一个论坛等。特别是一些年轻的老师，他们既没有养育孩子的经验，又缺乏管教学生的知识，家长的分享对老师的工作能起到一定的指导作用。此外，家长还可以与老师分享一些生活上的好东西，如书籍、衣服、生活用品、旅游景点等。通常情况下，很多老师也愿意接受这方面的信息或知识。

当然，家长在与老师分享时也要注意一定的分寸，即尊重老师，不可把分享当作推销，把东西强制推荐给老师，而是要很自然、很客观地介绍某种东西，最终的选择权应在老师手里。另外，家长在分享一些衣服、生活用品时还要考虑到老师的性别、爱好等因素，以免出现尴尬局面。

因此，只要家长乐于与老师分享，并在分享过程中注意一些方式方法，就能增进彼此的了解和信任，最终达到相互合作的目的。

小提示

多关注特殊孩子的沟通

生活中有许多特殊孩子，比如抑郁的孩子、患有强迫症的孩子、有自杀倾向的孩子等，这类孩子的内心既敏感又脆弱。如果大人（包括老师）发现了孩子的特殊性，就应该尽早沟通。当家长把这类孩子交给老师时，首先要充满感激，不管孩子有无进步，家长都应该感激老师对孩子的关心和照顾。其次，多联系，加强沟通的互动性。因为这类孩子情绪多变，有时行为反常，需要家长和老师频繁沟通。最后，如果孩子有特殊情绪变化，要及时联系。

第三章　鼓励孩子和老师友好相处

孩子与老师的关系如何，直接影响着孩子的成长。好的师生关系，不仅是孩子学习的动力，而且是孩子健康成长的需要。鼓励孩子接纳老师，用爱引导孩子成长，这是每个家长义不容辞的责任。

一、家长切忌推卸自己的教育责任

家长和老师之间的关系并非时时都是融洽的，有时候也会有误解和摩擦。开学才一个多月，小祺妈就接二连三地接到老师的告状电话，说孩子上课不认真，作业经常完不成，考试作弊。小祺父母因为工作繁忙，便没有去找老师了解具体情况，只是在电话里答应老师管教好孩子。在小祺父母看来，孩子在学校出现问题，特别是学习成绩不好，责任应在老师方面，也就没怎么在意孩子的那些事情。

期中考试后，老师把小祺的成绩告诉了家长，小祺因为考试作弊，被学校点名批评，老师还通知小祺妈到学校约谈。

那天下午，老师在办公室等待小祺妈的到来，小祺妈一进门便问道："我的孩子怎么了？他在家都很听话的。"老师先让她坐下来，翻出小祺的作业、试卷和各科成绩记录，然后把小祺在学校发生的事情一五一十地告诉了家长。

老师分析说："小祺在家怎样，我不大清楚，但他在学校里的表现非常令我们担心，成绩可以慢慢提高，但抄袭作业、考试作弊、上课不遵守纪律等情况，让老师们感到头疼，我们是希望家长能做些配合工作，帮助小祺改变学习态度。他现在的情况估计跟家庭教育也有一定的关系，不知道家里人是怎么对待这个孩子的？”

这时候，小祺妈立即反驳道：“孩子是爷爷奶奶带大的，上学后跟我们住在一起，在家很听话的，上个周末，我家小祺还把自己的童话书送给了邻居小孩呢。孩子学习不好，会不会跟环境有关，是受到了一些坏孩子的不良影响？”

接着，办公室里的其他老师也说起了小祺，说他经常被留在办公室里写作业或背书。仅这个月，小祺就有3次被叫到办公室批评。听老师们这么一说，小祺妈才发现自己的孩子存在不少问题。

我在学校工作的时候，经常有家长打电话过来询问孩子的学习情况。有些家长前来投诉，说某某老师上课不认真、某某老师不会教书、某某老师不管学生、某某老师使孩子成绩退步……总之，这些家长认为孩子的问题是老师造成的。

其实，孩子学习不好是由很多原因造成的，要具体问题具体分析，不能一概而论。孩子没有毅力、学习不主动、学习态度不端正，往往与家长不正确的教育方式有关：家长对孩子溺爱，很容易造成孩子在学习上缺乏毅力；家长不给孩子营造良好的学习氛围，很容易使孩子学习不主动；家长没有很好地引导孩子学习，也会使孩子学习态度不端正。

同时，孩子学习不好，跟老师的教学和老师对孩子的关注程度有关。有些老师只关注听话的孩子，而不理睬不听话的孩子，这的确会造成两极分化的现象，即不听话的孩子更加不好，而听话的孩子更加优秀。有些老师不负责任，脾气很怪，常用言行伤害孩子；有些老师行为懒散，缺乏亲和力，这些都会导致孩子和老师产生距离感。

如果孩子在转学、转班或升学之后，导致成绩下降，那么更多的原因可能是孩子不适应新环境造成的。这时候，假如家长把责任推给老师，容易使孩子对老师产生抵触心理，不利于孩子学习主动性的发挥。至于孩子厌学，出现旷课、逃学、爱打架、不懂礼貌等现象，既有老师的原因，也有家庭教育不当等原因。一个孩子粗鲁、脾气暴躁、说谎、有攻击性行为等，多半跟家庭教育不当有关。

孩子行为不好，家长和老师都有责任。所以，当家长由于情绪上的原因，要将孩子的问题完全归咎于老师时，可以先扪心自问一下：我的家庭教育方式是否正确呢？我有没有做不利于孩子成长的事情？孩子的成长问题是不是跟我的教育方式有关呢？

如果家长平时能多反省一下自己的教育方式，对孩子的成长是非常有帮助的。我们要承认，孩子在学校出了问题，老师有责任，但要具体分析，并非一定都是老师的错。

家长在老师面前推卸责任大致有这样几种情况：一是家长溺爱孩子，过分信任孩子，以为孩子各个方面都很优秀；二是家长忽视了孩子的成长是一个动态变化的过程；三是家长不信任老师。

不管怎么说，孩子的成长离不开家庭、学校和社会，是这三者共同教育的结果。家长是孩子的第一任老师，所起到的作用是任何人都无法比拟的。一个优秀的家庭会为孩子提供爱的环境，促进孩子成长；而一个处处溺爱孩子的家庭则会使孩子变得任性、自私和乖戾。孩子学习不好，不仅跟老师的教育有关，而且与家庭教育紧密相关，例如家长忽视督促孩子，没让孩子养成良好的学习习惯，所以家长在跟老师沟通时，切忌推卸自己的教育责任。

即使孩子在家乖巧懂事，也不能排除他在学校不违反纪律。当老师把孩子犯错的消息告诉家长时，是多么希望家长能够配合他的工作，我们最好能够及时反思自己的教育责任。如果问题出在家庭教育方面，那么家长可以当面跟老师说："孩子在学校发生这样的事情，给老师添麻烦了，我们也有责任。"也可以这样对老师说："谢谢老师让我们看到了孩子的不足，这是我们的失误。"

当然，老师也可能会推卸责任。这种情况下，家长需要冷静，家长可以不直接指出老师的缺点或错误，也不需要争辩，只要用事实说话，做到点到为止，目的是让老师明白自己应担负的责任。

总之，一个敢于担负责任的家长或老师，是有爱心的长者，能够让孩子感受爱、自由和尊重。

小提示　**孩子出现磕碰，家长莫紧张**

假如遇到孩子磕碰的情况，我们该怎么办呢？首先，家长要冷静，倾听老师的话，查明原因。其次，要相互理解。说实在的，孩子出事了，老师也心疼，哪个老师也不愿意班上的孩子出事。最后，家长要与老师一起帮助孩子消除磕碰后的紧张心理。家长的理解和宽容，将会拉近与老师之间的距离，使以后的沟通更融洽。

二、鼓励孩子接纳老师

洋洋妈最近很郁闷，孩子刚开学几天，就一个劲儿地说他不喜欢语文老师："我们语文老师不喜欢我，他对别的同学总是笑眯眯的，对我却总是板着脸，总爱训我，说我什么事都不懂。我不喜欢语文老师，除非能给我换个老师或换个班，我才去学校上学。"刚上小学五年级的洋洋不依不饶，一直在家长面前闹着这件事。作为家长，如果你遇到这种情况，该怎么办呢？

要处理这个问题，我们应先从儿童的心理发展角度来认识。心理学家认为，儿童期的孩子以感性思维为主，理性思维尚未真正发展起来，所以儿童期的孩子在看待问题时常常带有感性特点，他们看到的可能是事物的表面现象，而不会进行理智的分析。

我记得有一个家长这样批评自己的孩子："你这孩子怎么没有脑子？"可那个孩子很聪明，他指了指自己的脑袋，反驳道："妈，您怎么说我没脑子，我脑袋不是在这儿吗？"说完，孩子还摇头晃脑起来，让家长哭笑不得。

孩子的认识总是感性的，他们对老师不满是常有的事情。几乎每个孩子都希望老师能关注自己，哪怕是一个眼神、一个微笑和一句鼓励的话，都能让他们产生无穷的动力。可由于各种原因，老师无法照顾到每一个孩子，比如一节课几十分钟，让老师关注到每个孩子是不可能的事情。老师稍微一疏忽，可能就会引起个别孩子的不满。

综合起来说，下面这些情况最容易引起孩子对老师的不满。

1.老师偏心

我刚进学校教书的时候，想尽可能地多关注一些孩子。每次上课，我除了让成绩好的孩子回答问题，也让成绩不好的孩子说说自己的观点，我还会让一些文静的孩子帮我做些力所能及的事情。我自以为这样已经比较公正了，基本上照顾到了全班的孩子，可最后，还是有一些孩子在背后说我“偏心”。

学生说老师偏心，很大程度上是他们自己对老师有偏见。仔细一想，学生所说的老师“偏心”，不全是因为老师，有时候也因为孩子自己。有一个学生曾经一直抱怨我偏心，不关照他。事情的起因是这样的，当时学校要召开运动会，我让学生自我推荐报名参赛，可没几个学生报名，我只好点了几个身体素质比较好、有体育特长的学生报名参赛，可我偏偏把那个毛遂自荐的学生给劝了下来，原因在于他既没有体育特长，又经常生病。

事后，我特地在班级里说明了情况，可那个学生却一脸失落，闷闷不乐地坐在教室里。我知道自己的决定伤害了他，便找他谈过好几次话，他依然很不理解。我说："最关键的是要拿出你的实力给大家看看。"他低声说了一句："老师，您偏心。"

在往后几年的学校运动会里，那个学生依然想报名参赛，但最终还是没被选上。后来，他上高中了。在他读高一的时候，我意外地收到他的一封来信，信中说要感谢我，说他已经幸运地参加了高一的运动会，还得了奖，还说当时错怪了我。信的最后是这样写的："老师，我终于相信了您的眼光，当时是我错了，您没有偏心。"

2.老师管理太严

很多老师都有这样的遭遇，当自己费尽心思严格要求学生的时候，学生却不买账，有时连家长都不信任老师。我碰到几个上初二的学生，他们一见到我，就说对老师很有意见，说在学校上课简直就是受折磨。我问了问其中的原因，他们说："老师什么都管，不仅管我们的学习成绩，还管我们的日常生活，连同学之间的交往他也管。谁上课不认真，或者没写作业，老师就会罚他蹲马步或做青蛙跳。同学带手机进学校，一被他发现就会被没收……"

我听他们个个都在诉苦，似乎真的生活在"水深火热"之中。我们仔细分析一下这个例子，老师的出发点并没有错，错就错在老师的管理方式有不恰当之处。在学生看来，老师像警察一样天天监视着他们，难怪他们把自己当作被压迫者。

古人说："严师出高徒。"这是指老师对学生学业上的认真和负责，但任何人都渴望着自由。如果现在的老师以严格管理学生学业为理由而限制学生的身心自由，这样的严格很值得怀疑。老师管理孩子时，最需要关注的是他们的年龄特点、心理承受能力和性格特征。如果老师不从孩子的实际出发进行管理，那么只会导致孩子的反感和压抑，严重一点儿的会出现厌学、逃学等现象。

3.老师管理太松

既然老师管理过严不行，那么管理松一些是不是好一点儿？其实不然，放任管理也会使孩子不满意。从儿童心理学角度来说，儿童期的孩子尚不具备一定的自我控制能力，还处于他律状态，不会像大学生那样能进行自我管理。如果老师管得太松，班级就会出现乱哄哄的现象，导致很多想读书的学生无法正常学习，这往往会使学生感到老师没有能力。

在我这几年所接触的家长中，他们对老师管得太松很有意见，许多家长纷纷抱怨老师管不住学生，害得孩子学不到知识。出现这种情况比较多的是刚走上讲台的新老师，由于他们缺乏一定的管理经验，对学生听之任之，到最后失去了老师的威严，得不到学生的支持。

4.作业太多

我们的教育尚未走出应试教育的模式，老师不得不对学生进行题海训练，学生作业量大是十分普遍的现象。在我接触到的一些中小学生中，很少有学生能够自由自在地生活，他们的课余生活基本上都被作业占据了。一个晚上的作业量，有的小学生要做到11点，更不用说初中生和高中生了。我遇到过几个初三学生的家长，他们常常跟我说，现在的孩子真的很辛苦，光是全部完成作业就要到凌晨左右，每天早上还得在6点之前起床。

无论哪个孩子，都希望自己的学习既轻松又优秀。可事实并非如此，老师认为，只有让学生做大量练习，才能考出好成绩，所以，学生难免会有反感和抱怨情绪。看到那么多要完成的作业，有些学生既紧张又生气，有时甚至想把作业本和试卷撕得粉碎，学生的不满情绪可想而知了。

5.老师言行不一

在孩子的眼中，大人是自己的榜样，大人的言行举止时刻影响着他们。家长或老师经常教育孩子要做一个言行一致的人，孩子是听进去了，一直学着做一个言行一致的人。可在生活中，大人却有言行不一的行为，这让孩子很不认同。

比如在学期刚开始的时候，很多老师兴致勃勃地告诉学生要出去野炊，可学生等啊等啊，就是没看到老师有什么行动，于是开始抱怨老师："老师说过要去的，怎么连个影子都没了？""老师都这样，我们以后相信谁呢？""亏他还是老师呢，言行不一！"……其实，孩子对老师的言行不一最反感，因为这损坏了老师在孩子心目中的美好形象，使得孩子没办法再相信老师。

6.老师不做调查，胡乱训人

学生犯了错误，最希望老师能够做出公正的处理。老师处理得当，会得到学生的信任，促进师生之间的感情。但在生活中，有一些性格急躁的老师一看到学生犯错，不做任何调查，就胡乱把学生训了一顿。这样做的结果是学生可能会不明不白地蒙受冤屈，有理无处辩，只好忍气吞声，在心里怨恨老师。

7.老师犯错却不承认

很多老师大概怕丢面子，即使自己讲错了题目或说错话，依然要为自己的行为辩护或避而不谈，这也会令学生不满。

我遇到过很多中小学生，他们经常跟我聊起老师讲错题目不承认的事情。有一个在读初一的孩子，他的班主任老师是一位年轻的数学老师。有一次上数学课的时候，那个孩子发现老师的解题过程有错误，就举手说老师讲错了。老师一脸严肃地问底下的学生：“我讲得有错吗？”结果底下的学生纷纷表示老师没错。

那个孩子不服气，下课后直接找老师问个清楚。听那个孩子说，当自己把正确解法告诉老师时，老师依然认为自己没错，还告诉那个孩子千万别在课堂上捣乱。但后来事实证明，那个老师的确讲错了题目，因为学生按照老师的解法去做练习，结果一对标准答案却是错误的。

以上这些情况都有可能使孩子对老师产生不满，一旦家长发现孩子对老师不满，又该如何去应对呢？

首先，家长要尊重孩子，给孩子一个倾诉的空间。当孩子对老师不满的时候，家长应该理智才行。假如家长再火上浇油，那会使孩子更加不信任老师，影响师生关系。因此，无论孩子对老师有什么意见，家长都要尊重孩子，要善于倾听孩子的心声，理智分析孩子的话，切忌在孩子面前表现出对老师的不满情绪。

其次，家长要及时疏导孩子的不良情绪。等孩子的情绪稳定下来后，家长可以和孩子一起客观地看待老师，也让孩子清楚老师的具体工作，理解老师，比如有的老师除了教学工作以外，还要忙一些家务等。但如果是老师的原因，比如有的老师的确很懒惰，那么家长就不能隐瞒事实，应当以疏导为主，可以这样对孩子说："瞧你多勤快，以后可以和老师比一比了。"孩子听到这些话之后，不大会抱怨老师，而会产生与老师竞争的心理，这对他的学习有一定的促进作用。

再次，家长让孩子学会多从老师的角度思考问题。我们知道，当孩子对老师有不满情绪时，很容易以自我为中心，喜欢站在自己的角度看问题。在这一点上，家长可以试着让孩子从老师的角度看问题，培养孩子的换位思考能力，让孩子学会体谅老师，鼓励孩子接纳老师。当然，家长还要鼓励孩子有主见，能清楚地表达自己的看法。当孩子对老师有不满情绪时，可以向老师提出，但要注意说话的场合和方式。

最后，孩子接纳老师是一个长期的过程，家长应在尊重孩子意见的基础上，多说说老师的优点，如果采用强制的方式迫使孩子接纳老师，那是对孩子的伤害。

小提示

站在孩子的角度思考问题

在家长眼里，孩子总是年幼不懂事的，家长常常用成人的眼光看待孩子，也用成人的要求教育孩子。殊不知，这样的教育方式对孩子是一种伤害，孩子容易变成一个没有主见、随波逐流的人。

每个孩子都有自己的世界，也有自己的想法。当孩子提出自己的想法时，家长要耐心地听孩子说出想法；当孩子对事物有反感情绪时，家长不可对孩子发脾气或教训孩子；当孩子因成功而快乐时，家长也应适当回应，和孩子一起庆祝成功，哪怕是十分微小的成功；当孩子犯了错误时，家长更要重视他的内心感受。

所以，家长在养育孩子时，要时常抱着友善、信任、尊重的态度，站在孩子的角度思考问题、解决问题，要学会换位思考的不仅仅有孩子，还有家长。

三、跟老师交个朋友

有一天早晨，我刚好路过一所小学门口，学校门口站着一位班主任老师正在晨检。有一个小女孩忘了戴红领巾，着急地对妈妈说："妈妈，您快回去帮我拿，要不，老师会批评的。"这时候，小女孩妈妈看了一眼那位班主任，冲着小女孩大吼道："你怕什么，老师有什么了不起的，还不是打工的料！"说完，她满不在乎地将小女孩推进了校门，老师虽然气得满脸通红，但还是礼貌地向小女孩妈妈解释说："学生戴红领巾是学校的规定，每个同学都应该遵守。"

我们再看这样一个事例，有一个任性的孩子常欺负班级里的同学，虽然老师多次教育他，但他仍然改不了。后来，老师把家长叫到了学校。可是，家长一到学校还以为是老师故意整她的孩子，于是和老师吵了起来，还振振有词地说："我们家孩子，家里亲戚、朋友都夸他乖巧懂事，在学校怎么这个样子，这不可能！"而老师则很无奈地说："我请您到学校来谈谈您孩子的情况，难道还说谎不成？您怎么能这样说话？"

像这样的事例还有很多，那到底是什么原因使家长和老师不能像朋友一样去沟通呢?

一次，小玲妈找我谈起她女儿的事情。小玲刚上初一，有一次数学考试只考了23分，被数学老师点名批评，并且要求小玲每天中午留下来做数学习题。所以从那之后，小玲总是很晚回家吃午饭，有时实在没时间，就在学校旁边买点儿东西吃。就这样，小玲坚持了一个半月，可数学成绩依然没有进步。小玲妈开始怀疑起老师的教育方式，认为老师那样逼孩子学习的效果其实很不好，还容易使孩子对学习产生反感情绪。小玲妈为此十分苦恼，就来问我该怎么办。

对于这样的问题，多与老师沟通才是最好的解决办法。于是，我就跟小玲妈说："您最好跟老师谈一谈，把自己的想法告诉老师。"

我建议她要谈的主要是小玲的学习态度问题，孩子数学成绩不好，除了跟基础不好有关，还与学习态度有关。如果孩子的学习态度比较好，即使基础比较差，照样能有信心学好。当然，孩子的学习方法也很重要。

小玲妈还担心老师不好说话，心有疑虑。其实，老师也是人，也有平常人的感情、想法和生活方式。家长不妨跟老师交个朋友，把老师当作朋友看待。

几天之后，小玲妈打电话给我，说已经找过数学老师，也谈了自己的一些想法，结果她发现老师没有她想象中的那么严肃。小玲的数学老师是一位中年女性，性格开朗，就是在教学方面比较严格，所以学生都怕她。

小玲妈在和老师交流之后，发现小玲渐渐地变得活泼起来，不再在她妈妈面前说数学老师的坏话，原因就在于数学老师调整了自己的教学方式，不再让小玲每天中午留在教室里写作业，连上课的时候都开始看着小玲讲课。

后来，小玲妈坚持每星期和老师联系一次，渐渐地，她们居然成了无话不谈的好朋友。有一次学校放假，小玲妈还带小玲到数学老师家吃饭。那天，小玲既紧张又快乐，她从来没想到平时严肃的老师居然像妈妈一样热情。

突然间，小玲发现老师是那么的可爱和善良，她从此爱上了数学，从一个只考23分的差生到最后成为考91分的优等生，这是一个质的飞跃。而其中的力量，最主要的是小玲妈和老师进行了有效的沟通。

我们常说，家长和老师都是孩子成长的引路人。只有他们共同关爱教育孩子，孩子才会像田野里的鲜花一样在肥沃土壤中茁壮成长。缺少家长的关爱，只有老师单方面教育孩子，或者缺少老师的关爱，只有家长单方面教育孩子，都不是最佳的培养途径，那样往往会使孩子偏离成长的方向。

有些家长常常因为忙于自己的事情，以为把孩子送进学校后，就是老师的事情了。结果，孩子不但得不到家长的关爱，可能也得不到老师的关注和照顾。可以想象，一个班级50多个学生，老师不可能照顾到所有的孩子。

其实，所有家长都应该跟老师交个朋友，即使做不到这一点，也应该像朋友一样对待老师。

首先，相互尊重。尊重是人与人之间正常往来的基础，尊重就意味着接纳对方，包容对方，不以金钱、地位衡量对方，而是在人格上尊重对方。这是家长和老师交朋友的前提条件。有些老师不喜欢和家长走得很近，那也应该尊重老师的选择，不可一味地强求。

其次，有礼貌讲礼节。无论关系如何亲密，朋友之间交往时要注意长幼辈分的礼貌礼节，这是基本的做人素养。

再次，彼此坦诚相待。朋友之间最忌讳的就是虚情假意。家长和老师交朋友时，尤其要注意这一点。有些家长为了让老师照顾自己的孩子，喜欢给老师送礼物，而一旦孩子的学习成绩上不去，就认为自己的目的没达到，渐渐地疏远老师。真正地交友，就应像本文中所说的小玲妈那样，真心真意地和老师交往，最终和老师形成了良好的关系。

最后，双方共同的目的都是孩子的健康成长。无论是家长还是老师，他们所有的付出都在为孩子创造一个良好的成长环境。知识学习只是一个方面，重要的是家长和老师为孩子塑造健康的心灵。

孩子的成长离不开家长和老师的共同努力，所以家长和老师的关系融洽很重要。我们可能也知道生活中有些家长跟老师闹矛盾之后，不但双方见面感到尴尬，就连孩子的成长也受到了影响。有些家长还会将自己的怒气转移到孩子身上，让孩子对老师有意见。有些家长和老师疏远之后，由于不了解孩子在学校的表现，没法有针对性地教育孩子，因此孩子在学校积压的问题不能得到及时解决。

换句话说，孩子的问题既有家长的责任，也有老师的责任。比如一个性格孤僻的孩子，如果得不到家长和老师的关爱，他会感到非常孤独和自卑，甚至会失去生活的勇气。只有家长和老师共同教育孩子，才能及时纠正孩子成长中的各种错误。

后来，我还遇到过很多家长，他们问得最多的就是如何和老师沟通。每次结束谈话的时候，我总会对他们说：“跟老师交个朋友吧！”

现在，我也要把这句话送给所有家长。

小提示

和老师说说对孩子的期望

当你把老师看作朋友的时候，可以把自己对孩子的期望和老师说说。我们知道，每个家长对孩子的期望都不一样，有的家长对孩子的期望高一点儿，有的家长则低一点儿。大致归纳一下，家长对孩子的期望无非是关于学习和行为这两个方面，比如有的家长希望孩子学习优秀，有的家长希望孩子诚实守信……但是，当家长在和老师谈对孩子的期望时，要注意这样几点：

第一，家长对孩子的学习期望要切合实际。每个家长都希望自己孩子的学习成绩是最优秀的，所以对孩子的学习期望值很高，却忽视了孩子学习的实际情况，这是非常错误的做法。正确的做法是根据孩子学习的实际情况，谈谈自己对孩子的期望。比如孩子的学习成绩在30分左右，你总不能让他一下子提高到90分。

第二，多了解老师对孩子的评价。一般来说，老师比较清楚孩子在学校的情况，老师对孩子的评价比较中肯，家长可以试着通过老师了解孩子的发展潜力，所以，家长对孩子的期望也要以孩子的发展潜力为基础。

第三，不能把对孩子的爱变成对孩子的伤害。生活中，不少家长将自私的爱强加给孩子，让孩子参加各种各样的兴趣班和补习班，结果对孩子的身心发展造成了不良影响。

四、孩子怕老师怎么办

我们知道，不是每个孩子都怕老师，但如果孩子真的怕老师，家长又该怎样处理呢?

孩子刚上小学一年级的那段时间，倩倩妈每天都送孩子上学。有一次，她像往常一样送孩子去学校。刚到学校门口时，倩倩妈碰到了孩子的老师，她让孩子对老师问好，可孩子却犹豫着，反而低着头从人多的地方溜进了校门，害得倩倩妈连忙对老师说："这孩子有点儿胆小，遇到老师就跑。"老师也跟倩倩妈说，倩倩是班里最腼腆的几个孩子之一，从不主动和老师交流，但和同学们都玩儿得不错。

当时，倩倩妈也没有把这件事情放在心里。后来，倩倩妈发现孩子自从上学之后，变成了家里最匆忙的一个，每次上学总是慌慌张张地起床，匆匆忙忙地吃完早饭，然后由父母急急忙忙地送她去学校。

有一天早上下雪，倩倩起床晚了一点儿，就和爸妈赌气不吃饭，直接去了学校。有时候，老师找倩倩聊天，问起倩倩平时在家的事情。可是，只要老师一问，倩倩就支吾着，似乎想说又说不出来。回家后，倩倩妈问孩子为什么不和老师好好说说，倩倩只是小声说了一句："我不会说。"

不仅如此，倩倩还怕老师家访。一听说老师要来家访，她就很紧张，还闹着哭起来，非要妈妈找个理由不让老师来家访。

其实，倩倩是怕老师。孩子这么小就怕老师，是坏事还是好事呢？也有家长跟我说起，孩子不喜欢主动发言，即使老师让他回答问题，他的声音也总是很小，怕说错什么。这些孩子在课堂上显得特别胆小，而且不吵不闹。

为此，我和几个熟悉的家长谈起了这个问题。有的家长认为，孩子怕老师可以在一定程度上促使孩子好好学习，使孩子尊敬、崇拜老师。有些孩子见了老师就嘻嘻哈哈、嬉皮笑脸的，不见得就是好事。

有的家长认为，孩子怕老师，就像老鼠见到猫一样，表面上对老师服服帖帖的，可孩子内心不一定就很服老师。孩子在学校是一种表现，在家里则是另一种表现，这样不利于孩子的身心健康。

要弄清楚这个问题，我们先得理解"怕"这个词的含义。"怕"在《现代汉语词典》里有"害怕"和"畏惧"的含义，是心理学上的一种心理情绪形式。比如孩子对陌生的环境有畏惧心理，孩子怕黑，孩子特别怕严肃的老师，等等。如果孩子过于"怕"，难免会有一种恐惧心理，长此以往，对其心理健康不利。

我认为，孩子怕老师是正常的现象，孩子对大人有害怕心理本身不是坏事。由于孩子自控能力比较差，需要大人督促，老师的威严正好能够镇得住孩子，所以我们经常看到，很多孩子一见到严肃的老师，马上就安静下来学习，这对孩子的学习是有一定的帮助的。

但是，孩子不能长期怕老师。如果孩子长期怕老师，就会给孩子的心理造成压力，影响孩子的身心健康。我记得在我工作时，碰到过一个很严肃的老师，他靠铁腕手段管理学生。学生一犯错，老师就严厉批评他们，有时候还动粗。据说学生见到他，就像老鼠见到猫一样，非常害怕，几乎没有一个学生敢在他面前撒野。

后来，我渐渐地发现这样一个问题。学生只怕那个老师，而不怕其他老师，只要那个老师不在班级，学生就乱成一团。为此，我特地找了他班上的一些学生聊天，聊起平常的生活感受。听那些学生说，他们平时最怕那个老师了，只要他在，心里就感觉到很压抑，有些学生甚至还恨老师。我又问他们为什么那个老师不在的时候，教室里就乱糟糟的。有个学生的回答很有意思："大家闷得太久，想透透气。"

一般来说，靠学生害怕老师建立起来的师生关系终究是脆弱的，因为这种师生关系并非建立在真正的信任的基础上，学生很难发自内心地尊重老师，很难想象学生会在这样的环境中走向自律，管理好自己。

从孩子的角度来说，孩子怕老师并不见得是好事情。如果一个孩子一见到老师就害怕，手脚发抖，甚至说不出话来，那么他怎么能正常学习呢？我教过一个很腼腆的学生，他见到稍微严肃一点儿的老师就害怕，总没心思听课，所以他的成绩一直很不好。有一次，数学老师叫他到黑板上做习题，结果他想了半天就是做不出来，原因在于数学老师是一个很严肃的人，站在他身边让这个孩子紧张得无法进行思考了。

我还认识一个小学生，因为新学期换了一个比较严厉的班主任，她感受到前所未有的压力，怕老师批评，整天想着不去上学，十分爱哭，平时只能和两三个同学交往，最后弄得家长跑来跟我商量该怎么办。

像这样的例子还有一些，孩子怕老师无非有这样几个原因，一是老师的确很严肃，二是孩子天生纤弱敏感，三是孩子生活在家教严格的家庭环境中，四是孩子经常被老师批评。

孩子怕老师是一种缺乏安全感的表现。在学校里，孩子身处一个陌生的环境，原本对老师就有尊敬之心，加上自己的前途或命运在一定程度上掌握在老师手里，内心深处更容易萌发悲观情绪和惧怕心理，这对孩子可能造成一定的精神压力。

有些孩子天生性格内向，胆小敏感，怕见到表情严肃的人和陌生人。有些时候，家长知道孩子比较胆小，却又忽视了这方面的家庭教育，造成孩子长大后依然胆小。

假如孩子生活在一个家教严格的家庭中，那么孩子也会变得胆小。有些家长总以为孩子是骂出来、逼出来、打出来的。孩子做错了事情，家长不是好好地和孩子交谈，而是用十分粗暴的手段管教孩子，结果使孩子越来越胆小，还有可能产生自卑、自闭心理。

孩子对老师有抵触情绪也会产生害怕心理。许多老师常常用批评方式教育孩子，当孩子做错了事情或学习成绩不好时，老师总是以冷漠或挑剔的态度对待孩子，从而让孩子产生了害怕心理。

但能够肯定的是，孩子的惧怕是一种负面情绪，它会直接影响孩子的学习兴趣和学习效率，需要引起家长和老师的关注。那么，家长和老师又该如何帮助孩子克服这种害怕心理呢？

家长发现孩子害怕老师后，首先要做的不是责怪孩子，而是要营造宽松的环境，给孩子一个表达的机会。有些家长知道孩子害怕老师后，觉得孩子没出息，还时不时地批评几句，对孩子来说，这无疑是雪上加霜。聪明的家长应该以宽广的胸怀，让孩子说出心里话。

无论如何，家长都应该让孩子毫不隐瞒地讲清楚害怕老师的具体原因。如果是因为老师太凶了，那么家长应该帮助孩子认识老师的职责，还要亲自跟老师沟通，看看能否让老师改变一下教育方式；如果是孩子自身的原因，那么家长可以试着带孩子走出家门，多与其他人接触，让孩子不再怕生；如果是家庭教育过于严格，那么家长就要反思自己的教育方式了。

教育孩子需要家长和老师共同努力。比如上小学一年级的小宇在课堂上不守纪律，不仅小动作多，而且影响其他同学听课，老师经常批评他，甚至让他站着听课。时间久了，小宇对老师产生了抵触情绪，在课堂上的表现越来越糟糕，下课还躲着老师。老师找小宇家长谈话，反映小宇在学校违纪的情况，小宇家长不敢相信这是真的。因为小宇平时在家里都很乖，特别害怕他的爸爸，只要他爸爸在家里，他都不敢大声说话。那么，胆子这么小的孩子怎么会在课堂上扰乱纪律呢？通过小宇这件事，小宇家长意识到了他们所犯的错误，由于他们在家里过分约束了小宇的行为，使他不能像其他孩子一样自由表达自己的思想，所以孩子希望在学校里得到释放，以致造成经常违反纪律的现象。小宇的老师也意识到由于自己不了解这个孩子的实际情况，只是一味地要求小宇像其他同学一样遵守纪律，结果适得其反。发现问题以后，小宇家长与老师积极配合，使小宇逐渐改掉了不遵守纪律的坏习惯。

我们知道，孩子对周围事物也有自己的看法，一旦孩子有了自己对老师的看法，他们往往会将这种看法强化，从而对老师产生抵触和逃避心理。

因此，家长平时可以让孩子从老师的角度思考问题，体会做老师的难处，这样可以改善师生间的关系，减轻或消除孩子对老师的抵触情绪。但是，家长切忌在没搞清事实真相之前就简单粗暴地批评孩子或对老师表示不满。有的家长一听说孩子在学校不听老师的话或顶撞老师，就不分青红皂白地训斥孩子，也不给孩子讲明道理，这样既不能使孩子从中受到教育，也不能缓解师生间的矛盾，还会增加孩子对老师的抵触情绪。而有的家长对孩子一向很溺爱，不能客观地看待孩子，觉得孩子什么都好，所以家长在孩子与老师之间出现问题时，只会一味地袒护孩子，而对老师表示不满，这样不利于问题真正得到解决。

孩子怕老师属于正常的现象，但家长若不及时和老师沟通，就有可能影响孩子的学习和生活。家长要与老师经常沟通，让老师适当地鼓励孩子，适当地关注一下孩子，哪怕是一个眼神、一次提问。我在当老师的时候，也遇到过一个不爱说话的女孩，于是每次上课我就主动让她说，鼓励她，慢慢地，她变得越来越自信……其实到最后你会发现孩子并不是没有话说，只是没有人引导她，或缺少适合听她说话的人。因此，做一个细心的家长，及时把孩子的信息反馈给老师是很有必要的。

小提示

如何识别孩子害怕老师

孩子往往会将自己的情绪写在脸上。有时候，孩子会把对老师的不满挂在嘴边，在无意之中说了出来。所以，家长平时要善于察言观色，做一个有心人，看看孩子的脸上有没有比较难堪、气愤的神色，如果有，那么家长就需要和孩子谈谈了。

接着，家长要看孩子的异常行为，比如孩子不愿意见到老师，一见到老师就想溜。老师家访时，孩子也不愿意见老师。

当然，家长还可以向老师打听孩子在学校的表现。一般来说，老师会比较客观地反映孩子的学习生活情况。

孩子的学习成绩下降也是一个信号。一般的孩子都希望自己能够被老师关注，老师关注多一点儿，孩子的学习动力就强一点儿，学习成绩也就好一点儿。如果孩子的学习成绩出现了问题，有可能是因为害怕老师而逃避学习或害怕学习而造成的。

五、老师“偏心”，家长莫急

小雨妈最近很郁闷，孩子刚上学几天，就一个劲儿说不喜欢语文老师：“语文老师不喜欢我，他对别的同学总是笑眯眯的，对我总是板着脸，总爱训我，说我什么事都不懂，我不喜欢语文老师，除非换个老师或换个班我才去学校上学。”刚上小学一年级的小雨一直在父母面前说着、闹着。

在小雨妈的印象中，孩子已经不止一次抱怨语文老师“偏心”了。据小雨反映，每次上课时，语文老师总让成绩好的孩子回答问题。这还是小事，对小雨打击比较大的是报名参加演讲比赛活动。

事情的起因是这样的，学校要举行演讲比赛，语文老师让学生自我推荐报名参赛，小雨第一个报名参加，可最后却偏偏被老师给刷了下来。当老师在课堂上宣布参赛名单时，小雨的情绪一落千丈，他怎么也没想到老师会那样“偏心”。可事后，老师又没有找小雨谈话，说明原因，这让小雨更加失落了。

那天回家后，小雨一直不开心。从那以后，小雨像变了个人似的，整天闷闷不乐地坐在教室里。小雨妈觉得孩子的表现异常，她注意到这样一个现象：自从那天开始，她从没看见孩子在家写语文作业。

让人担心的事情还在后头，语文老师不是班主任，又不会主动找家长沟通。正当小雨妈焦虑不安的时候，班主任打来了电话，把小雨的学习成绩告诉了她，小雨的语文成绩居然不及格。这一次沟通，主要谈了如何帮助小雨转变心态的方法，班主任出了不少主意。

几天后，小雨妈发现孩子开始在家写语文作业了，便好奇地问："你对语文感兴趣了？"小雨一本正经地说："语文老师向我说明了情况，我觉得他没错，就原谅了他。"

事情就这么简单，但在孩子看来可能就比较复杂了，也是大事。作为家长，如果你遇到这种情况，该怎么处理呢?

在学生眼里，老师的"偏心"现象很多，比如上课的时候，老师就只叫几个同学回答问题；有学生说老师对女生好一点儿，男生回答错误还要挨批评；有学生说老师在改试卷的时候，对字写得好的同学特别照顾；有学生说老师在改作文的时候，成绩好的同学总能得到很高的分数和很多的评语；有学生说老师跟活泼一点儿的同学在一起说话，自己心里总觉得不舒服……这些看起来非常小的事情，但在学生眼里就成了大事，甚至影响到他们的学习积极性，比如出现偏科现象。

当孩子抱怨老师"偏心"时，家长首先要冷静分析其中的原因。很多时候，孩子说老师偏心，很大程度上是他们自己对老师有偏见。孩子的认识总是感性的，几乎每个孩子都希望老师能关注他，可老师由于各种原因而无法照顾到每个孩子，只要老师稍微一疏忽，就可能会引起个别孩子的不满。因此，家长需要注意这样几个方面：一是帮助孩子疏导消极情绪，鼓励他接纳老师；二是找老师说明情况，切忌兴师问罪。

其实，老师对学生是否偏心，主要看老师个人的性格、品行和教学态度。老实说，老师不偏心几乎是不可能的事情，不是说老师有意偏向某些学生，而是说老师也是一个有血有肉、有自己经历和情感的人，对一些和自己性格相仿、兴趣相似、特别能聊得来的学生，可能会走得近一些。

假如老师有意偏向于成绩优秀、家境富裕或有权势的孩子，那只能说是老师的工作态度和品行有问题，而这样的老师也只是个别而已。即使遇到这样的老师，家长也不必紧张，鼓励孩子用成绩证明自己的优秀，让老师刮目相看。

其次，家长在老师面前应多提“公平”一词，让老师多关注公平。如果家长发现老师对孩子有不公平行为，那么可以对此表达自己的不满。如果一个孩子在学校偷窃东西，被老师请回家反思，家长知道后，不要慌张，可以这样和老师说：“我家孩子犯了错误，让老师费心了，我们都感到非常抱歉。可是，我们也在担心：孩子被请回家反思，会不会产生更不好的效果。且不说孩子落了功课，单是这样让孩子回家，孩子的心理压力也不小，我们觉得这样对孩子很不公平。老师是不是还有其他比较好的教育方法？”

家长这样说有以下几个好处：一是在尊重老师的前提下反映情况；二是说话留有余地，给老师反思的机会；三是从孩子成长的角度，批评了老师行为的“不公平”；四是以询问、商量的语气探讨更好的解决方式。我想，一个有责任心的老师会十分赞同这样的沟通。

总之，尽可能地让孩子享受公平教育是每一个家长和老师的共同责任，需要双方用心应对生活中的不公平现象。

小提示

孩子可以这样感谢老师

如果孩子真的要感谢老师，我觉得送以下这些东西比较实在，而且能表达感情。

第一，给老师发一条教师节的祝福语；

第二，给老师发一封电子贺卡，表示感激之情；

第三，亲自给老师画一幅漫画，以诗的语言写上自己的问候；

第四，以全班的名义给老师送一束花或买一个蛋糕庆祝教师节；

第五，给老师打个电话或在电台点首歌，送上自己的祝福。

当然，老师最希望的就是自己的学生能够健康成长、成绩优秀、品德高尚。如果每个学生都能健康快乐地成长，让老师放心，这便是送给老师最好的礼物。

六、老师错怪孩子怎么处理

一天下午，张女士的女儿垂头丧气地回到家。吃晚饭的时候，张女士试着问女儿发生了什么事情，可孩子就是不吭声，好像心中藏了不可告人的秘密。

张女士还发现，女儿写作业的时候一直在发呆。她趁机让孩子早点儿休息，孩子被妈妈的关怀所感动，竟禁不住流下泪水。原来那天上数学课的时候，张女士女儿的同桌有一个问题没听懂，便请教她，结果被老师误认为是上课乱讲话，于是当着全班同学的面狠狠地批评了她。

听了女儿的话后，张女士琢磨着要不要跟老师说明事情的真相。虽然老师批评学生是常见的教育现象，但如果老师错怪了学生，任何批评都是一种伤害。

那天晚上，张女士给数学老师发了一条短信，把女儿当天上课时的情况如实告诉了老师。第二天，张女士送女儿去学校，数学老师刚好站在学校门口值勤，老师主动向张女士说明了自己在课堂上的疏忽，并说已经把事情调查清楚了，还主动向张女士的女儿道了歉。这件事情发生之后，数学老师不但没有失去威信，还得到了同学和家长的信任及赞赏。

老师错怪孩子大致因为这样两种情况：一是老师过于情绪化，没有调查清楚就批评孩子；二是有些孩子给老师的印象不是很好，比如平时比较顽皮，也容易被老师错怪。

有时候，老师也会错怪孩子。当孩子被老师错怪后，由于孩子不敢向老师直接提出来，或者即使提出来，老师也不容易相信孩子的话，从而让孩子觉得很委屈。在这种情况下，家长该怎么办呢?

首先，家长要理智，不可意气用事。老师错怪了孩子，孩子受了委屈，肯定会有情绪，但家长不能因此而气急败坏，甚至找老师算账，为孩子出气，而应冷静思考其中的原因，也许只是老师一时生气罢了。

其次，家长要耐心地倾听孩子的诉说。因为孩子受了委屈后，会有一种向家长倾诉的欲望，他们希望通过向家长陈述和申辩来说明事情的原委，并希望得到家长的认同与支持，他们也希望通过向家长诉说来宣泄自己的委屈和不满。这时候，家长不可武断地对孩子的陈述和申辩下结论。

再次，家长要及时疏导孩子的情绪。

最后，家长要及时跟老师沟通，把真相一五一十地告诉老师，还孩子一个清白，这是很好的人生教育。家长可以打电话直接陈述，也可以通过手机短信、电子邮件、QQ等方式告诉老师。在一般情况下，大多数老师都会亲自去调查事情真相，给家长和孩子一个满意的答复，也会主动向孩子道歉。

当然，家长在与老师沟通时要真诚和坦然，不要猜疑和紧张，既要达到澄清事实的目的，也要体谅老师工作中无意出现的失误。

小提示

孩子顽皮，家长怎么跟老师沟通

有些家长反映，他们的孩子非常顽皮，老师经常向家长告状，针对这种情况，我们可以尝试以下方法进行沟通。

善于倾听老师。家长最需要做的是保持冷静，听老师说完，接纳老师的负面情绪。不管怎么说，老师的话是比较真诚的，应该感激老师把孩子的缺点说出来。

寻求沟通的可能性。当老师说到孩子的缺点时，家长可以根据孩子在家里的表现，谈谈孩子有没有类似的缺点。

一次沟通解决不了问题，要多次沟通才行。我们不能抱着一次沟通解决所有问题的想法，而要循序渐进。如果第一次沟通失败，家长也不要灰心，可以过几天后，再寻找机会沟通，问问孩子有没有进步。

七、家长怎样应对“雷人”校规

最近，明明妈非常恼火，儿子因为在学校不睡午觉而被老师罚站警告多次，还被老师请回家反思，不得回学校上课。

明明妈很不理解，为什么老师非得让孩子在教室里午睡呢？于是，明明妈向老师请教了这个问题。老师很无奈地告诉她，安排学生统一午睡是他们的校规，从上周刚刚开始执行。老师还说，每天中午12：30~13：15是午睡时间，全校学生都得进教室趴在桌子上午睡，每天都有学生干部监督检查，假如发现同学不午睡、假睡、做小动作、窃窃私语等都要扣分。他们多次发现明明假装午睡，有时候还坐着看书，甚至做小动作，导致班级的纪律分被扣了，所以明明才会被老师罚站。

听到这里，明明妈终于明白了其中的原因，也将自己的疑虑告诉了老师，她认为没必要强制每个孩子都要午睡，有些孩子没有午休的习惯，硬要他们睡觉，其实他们心里也很难受。再说，让孩子趴在桌子上睡觉，这本身很不科学。但老师坚持认为这是校规，不容家长质疑。

尽管明明妈已经多次教育引导孩子要遵守校规，但孩子依然经常“犯错”，又被请回家里反思……

如果校规存在某些不合理的地方，家长完全可以质疑，但家长的质疑要有理有据，针对存在的具体问题发表自己的看法。例如上述例子中的午睡校规，要求学生统一午睡，假睡、看书都要扣班级的纪律分，处罚学生，这样“一刀切”的校规显得有些死板。家长可以根据这一问题向老师提出异议。

因为校规大多是学校领导制定的，所以家长最好向学校领导提出怀疑。最好能选出一个家长代表跟学校领导沟通。在陈述的时候，要就事论事，把问题叙述清楚，将理由说充分，注意合情合理，做到不偏激，不激怒对方，以询问的姿态和学校领导探讨。

家长可以将批评改为建议，比如德国孩子也要午睡，但这是孩子的意愿。如果孩子不愿意午睡或睡不着，可以直接出去玩耍，或去听听音乐、看看书，但不可干扰其他孩子的午休。只要家长的建议很合理，且具有可操作性，老师一般还是会欣然接受的。

如果家长担心自己的口才不够好，可以准备书面材料，将问题和意见表达清楚，由家长代表呈交给学校领导。

一般来说，不合理的校规会得到校方的积极回应。如果有的学校不回应或不理会家长的合理要求，家长可以借助新闻媒体给学校施加一定的压力，最终促进问题的妥善解决。

小提示

老师和家长都不能溺爱孩子

几乎每个家长或老师都喜欢学习成绩优秀又懂事的孩子，但喜欢过度了就不好，很容易发展成为一种对孩子的溺爱。

大人溺爱孩子有很多坏处，最大的坏处就是使孩子变得任性，缺乏独立性，将来很难顺利地融入社会生活。

正确的做法是，首先，老师和家长应以平常心对待孩子，帮助孩子独立成长。当孩子遇到挫折或失败时，大人应该给孩子信心和勇气，让孩子自己站起来。其次，大人要鼓励孩子学会自我保护。再次，当孩子有了进步时，大人应以平常心看待，尤其不能用金钱奖励孩子，目的是让孩子学会看淡成绩。最后，大人要尊重孩子，按照成长规律培养孩子。

第四章

让老师了解孩子

由于每个孩子的性格、气质、兴趣、能力等不同，老师所采取的教育方式也有所差别。所以，为了能让老师尽快地了解孩子，在孩子上学时，家长有必要将孩子的性格特点与在家的情况（包括缺点与不足）告诉老师。

一、家有差生要早沟通

在孩子们的心目中，事和人总有好坏之分，就连身边的同学也有“好生”与“差生”之分。经常有孩子对我说：“老师，他是个差生。”我不解地问：“为什么呀？”那孩子机灵地说：“这个还用说吗，差生啊，就是成绩很差呗。老师都很少管他的，他不但不读书，还经常打架。”

说这话的是一个成绩一般的孩子。他既不是好生，也不是差生。对他而言，他羡慕好生，同时又有点儿瞧不起差生。而所谓“差生”，就像那个孩子所说的，首先就是学习成绩差，其次是品行不好，经常上课睡觉、迟到、早退、不尊重人、打架……很多差生不敢面对自己，有强烈的自卑心理，恨自己“不成器”，逃避现实，缺少生活的理想和学习的动力，更不用说挑战自我了。

孩子在学习中有压力，这是有目共睹的事情。孩子的学习压力主要是成绩排名。在现在的教育环境里，几乎每个学校都在追求升学率，几乎每个学生都在为分数而奋斗。分数成了他们生活的主旋律。北京大学美学家阎国忠先生是我的老师，他曾在博客里谈到他的外孙，说："他是我们全家最辛苦、最劳累的人，每天放学之后写作业要到晚上11点，周末还要上各种辅导班。偶然一次上上电脑，耽误了十几分钟，还不断自责，悔恨不已。"话说回来，在这个以应试为主的教育环境里，有谁能绕过考试这条羊肠小路呢？

当然，差生不是天生的，更重要的是后天环境熏陶的结果。有朋友曾经对我说："差生是老师教出来的。"作为老师，我听了这话感到不舒服，但我觉得他说得有道理，需要补充的是，差生也是家长教育出来的。一般来说，很少有孩子天生就不爱读书，天生就爱打架。我们都知道，孩子第一次跨入学校大门时总是满脸阳光的，但乌云在什么时候开始悄悄地爬上了孩子幼小而稚嫩的脸庞呢？细心的老师可能会发现，如果孩子一个字不会写，一道题不会算，老师还有可能耐心地讲解，但是如果孩子一次次不会，一次次做不好，老师是否还有这份耐心？而此时，我们是否真正关注过孩子的心理感受呢？

随着知识难度的加深，有一部分孩子遇到了更多的学习困难，看到了老师和家长更多的白眼，从此，差生就产生了，更重要的是这种"差生"概念在孩子心中生根发芽。另外，学校教育也有"嫌差爱优"的现象，即所谓"好生人人爱，差生不闻不问"，这样就给那些差生造成了极大的心理负担。

其实，差生与好生有时只有一步之遥，很多差生都有辉煌的历史。在我所接触到的孩子当中，许多差生都曾是好生，他们不但成绩优秀，而且特别懂礼貌，只不过因为偶尔的失败而使成绩一落千丈，最后成了差生。比如有个曾经是三好学生的孩子因为一次数学考试不及格被老师训斥，从此不爱学习，逐渐变为差生。有个初二的孩子因为一次恋爱失败，结果没心思学习，逐渐变为差生。还有的孩子因为迷上游戏、生病、与老师有矛盾等原因，走上差生之路。

一个孩子从好生变为差生，是一个逐渐演变的过程。在这个过程中，家长和老师都负有一定的责任。孩子成为差生，跟家长的疏忽或教育不当都有关系。许多家长把孩子送到学校，就以为万事大吉了，至于孩子在学校过得怎样，则很少过问。等到孩子的学习成绩或行为有了很大变化，才开始意识到问题的严重性。在这种情况下，有些性格急躁的家长或老师往往用粗暴的手段来处理，结果让孩子在惊吓中找不到可以信任和依靠的人，一点点地消沉下去。

有一个叫书洋的孩子，从小很听话，懂礼貌，而且学习优秀，他曾经是一个人见人爱的好孩子。可是现在，他的父母却天天担心他。说到书洋，他妈妈总是疑惑地问我："这孩子怎么会变了呢？他迷上了电脑游戏，可以整天坐在电脑前不出门，可一见到书本，他就感到厌烦。"

听书洋妈妈讲述，孩子的变化是从初一下半学期开始的。刚进初一的时候，书洋对学习有着浓厚的兴趣。可在初一下半学期的某一天晚上，书洋突然对他妈妈说："妈，我感觉英语越来越难了，老师上课，我总是走神。"书洋妈妈也没怎么在意这件事情，只是拍拍孩子的脑袋说："那你每天早点儿睡觉吧，第二天有精神点儿。有什么不懂的就去问老师好了，别怕难为情呀。"从此之后，书洋再也没提英语学习这件事情，加上书洋的英语成绩一直都还可以，书洋妈妈就没怎么关注书洋的学习。

直到有一天中午，书洋很晚才回家吃饭，而且脸色很难看，似乎有心事的样子。于是，书洋妈妈就问起原因，结果书洋扭头就冲进自己的房间，把门紧紧地关起来。当书洋妈妈说到这里的时候，我插了一句：“其实，在那时您应该和老师沟通一下。”说真的，书洋在当时出现那样反常的情绪，一定有他的原因。孩子一旦有了反常情绪，我们千万不能置之不理，一定要和孩子一起处理问题。一般来说，孩子的反常情绪是一个危险的信号，意味着孩子遇到了难以解决的困难，需要大人帮忙。

此后，书洋的情绪越来越糟糕，总见到他垂头丧气地回家。有时，当他写作业的时候，还会表现出一些不满情绪。书洋妈妈百思不得其解，她问孩子发生了什么事情，孩子却不愿意说出来。初二第一学期期末考试，书洋的英语成绩从原来的90多分退到40多分，只有语文还在70多分，其他几门功课都在及格边缘。那个寒假，书洋没有把成绩报告单交给他父母过目，只是说不小心和寒假作业一起丢在了学校教室里。因为临近春节，书洋的父母也没怎么过问此事。但让他父母感到奇怪的是，书洋不但没写一点儿作业，反而喜欢上了电脑游戏，整天坐在电脑前玩游戏，连饭都顾不上吃。

大部分家长的做法是，只要孩子喜欢什么就给什么，实际上这往往是在害孩子。书洋在学习上遭受了挫折，由于害怕得不到大人的理解，于是将自己封闭起来，在游戏中寻求精神的安慰，渐渐地，他迷上了电脑游戏。现在的孩子喜欢游戏，大多是因为学习成绩不好，他们希望从游戏中获得成功的喜悦。

当书洋妈妈跟我谈起孩子玩游戏这件事时，我真替书洋感到惋惜，惋惜的是这样一个学习上进的孩子变成了一个游戏迷；也替书洋妈妈感到遗憾，遗憾的是她错过了与老师沟通的最佳时间。

实际上，书洋第一次和他妈妈说起上英语课听不懂的时候，表明孩子正在向大人寻求帮助，只不过很多时候我们往往忽视了这样的小事，而当这样的小事累积到一定程度时，就会影响到孩子的学习成绩，甚至今后的发展。

当书洋表现出低落情绪的时候，书洋妈妈又错过了一次和老师沟通的机会。后来，书洋的学习成绩越来越差，老师打电话给书洋妈妈，和她谈起书洋在学校的表现，书洋妈妈这时才知道孩子的垂头丧气和英语老师的批评很有关系。那天上英语课，书洋和旁边的同学聊天，结果被英语老师发现了。老师非常生气，罚书洋站到教室后面，还批评书洋："你不读英语就算了，还影响别人上课，真是的！"当时，书洋感到很没自尊，从此便对英语老师怀恨在心。

所以，综合来说，一个孩子变为差生是由多方面因素造成的。

首先是家庭的因素。目前，很多家长都把孩子当作宝贝一样对待，孩子需要什么，他们就给什么。家长满足了孩子的物质需求，却往往忘了培养孩子的独立自主能力。在这样的环境下成长起来的孩子，多半经不起挫折和失败。所以，当孩子在学习上遇到了困难时，他们不会迎难而上；当孩子遇到了挫折或失败时，他们不会坚强地面对；当孩子受到了老师的批评时，他们不但难以接受，而且会在心里怨恨老师。

其次是老师的因素。照理说，老师比父母更懂得教育孩子的方法。但实际上，老师在教育孩子时，也会出现很多问题。最常见的问题是，现在的很多老师只关注成绩好的孩子，而忽视了成绩差的孩子。学习成绩好的孩子不仅能得到老师的信任和赞赏，还能获得各种荣誉，这让成绩差的孩子非常自卑，久而久之就产生了“好的更好，差的更差”这一两极分化的现象。另外，一些老师在批评孩子方面，会习惯性地偏袒成绩好的孩子，对成绩差的孩子则进行严厉的批评教育，没有很好地关注孩子的心理承受能力。这种过于严厉的批评容易导致孩子情绪波动，甚至出现仇恨心理。

最后是孩子的年龄因素。由于孩子年龄尚小，自控能力差，不能进行较好的自我管理，他们的生活很容易受到周围环境的影响。一般来说，一个人变坏容易，变好不容易。当一个孩子跟一些不爱学习的孩子在一起时，他可能会被慢慢地同化，变成一个不爱学习的孩子。

说到底，孩子从一个好生变成一个差生，家长和老师都有责任，可能是家长和老师教育不当造成的，也可能是家长和老师沟通不及时造成的。

我们都知道，孩子变成差生之后，连家长也跟着受气。作为差生家长，会经常被老师单独找到学校，和孩子一起听老师的教训。回家后，家长会再对孩子进行一番教育，而这往往很难收到好的效果。时间长了，老师也就失去了耐心，不再管这个孩子了。而家长再去找老师沟通的时候，老师会很“忙”，没有时间跟家长聊。到最后，家长都不知道该怎么跟老师沟通了。

这样的情况很普遍，有一位差生家长曾经这样说道：“其实，差生的家长比好生的家长要多得多，但没有人想要跟老师沟通。”由于家长与老师之间缺乏必要的联系，使得双方在管教孩子上出现了种种偏差，即家长看不到孩子在学校的表现，老师也不知道孩子在家的情况。但话说回来，无论是老师还是家长，都有教育好孩子的责任，老师冷落差生，那是失职的表现；而家长忽视对孩子的教育，也不是一个称职的家长。

在我们都无法改变应试教育这一现实的情况下，家长很有必要抽出时间关注一下孩子在学校的具体表现。一个等孩子出了问题才开始关注孩子的家长，往往是一个失职的家长，甚至是一个失败的家长。

小提示

如何对待差生

如果孩子被贴上“差生”的标签，那么家长该怎么办呢？

孩子在学校里成了差生，这对孩子来说，是一个非常不好的消息。一旦孩子成了老师眼中的差生，他的学习和生活将会发生巨大的改变，比如老师对孩子的学习情况不闻不问，冷落孩子，甚至有时候会用不友善的语言批评孩子。在这种情况下，孩子所承受的压力是难以想象的。

所以，首先，家长要接纳孩子，主动关心孩子。实际上，孩子成了差生，最需要家长的同情和支持。其次，家长要保护孩子的隐私，不可向他人强调自己孩子学习方面的不足。因为作为差生的孩子特别敏感，特别在意别人对自己的看法，家长应尽力保护孩子。再次，家长要及时和老师取得联系，了解孩子在学校的具体表现，也可以向老师请教教育孩子的方法。同时，家长可以和老师商量对策，改变孩子的差生处境。最后，家长要多鼓励孩子，让孩子保持自信、乐观和积极向上的心态。

二、孩子不愿去上学

家长们可能都记得，很多孩子第一次去上学总要哭鼻子，厉害点儿的孩子还会又哭又闹，甚至装病。我曾路过一个比较大的幼儿园，有一个年轻妈妈把自己的孩子带来上学，而她的孩子一见到这个陌生的地方，就哭得满脸都是泪水，且哭声惊天动地。无奈之下，那个年轻妈妈一把将孩子抱进了学校，可哭声仍然不断地传出来。

这是一种典型的上学恐惧症。家长可能没有意识到，上学是孩子人生中的一个大转折。对孩子来说，上学就意味着告别一个熟悉的家庭环境，进入一个全新的陌生世界，没有了在家的安全感，他们在上学的第一天或第一个星期大都会出现这种焦虑感，常常以哭闹的方式拒绝上学。

可是，已经在读小学或初中的孩子也会出现上学恐惧症。前一段时间，小杰妈妈一直很苦恼——她的孩子刚上小学三年级，居然闹着不想去上学了。小杰妈妈跑来跟我聊起这件事，她一筹莫展地说：“孩子在暑假期间都好好的，还曾盼望早点儿开学。可是在开学的第一天，他上了半天课，就闹着不愿去学校了。这之后几天，孩子不是肚子痛就是头晕，常常上了半天课就请假回家了，老师也拿他没办法。”

我说：“看得出您的孩子挺机灵的呀！您有没有打电话问过老师，孩子在学校表现怎样，是不是因为学校的缘故，比如同学欺负他了？”

“他的班主任曾打电话过来说，孩子身体不好要请假，她也没办法。现在的老师都很忙，我也不好打扰她啊！”小杰妈妈还说道，“孩子一直很乖，成绩也不错，平时经常和学习好的同学在一起玩儿。”

我想，孩子不会无缘无故不愿去上学，背后总有原因的。于是，我就建议小杰妈妈到学校跑一趟，和老师沟通一下。

几天之后，小杰妈妈面带喜色地跑来找我。她一进门就说：“孩子的问题解决了！”听小杰妈妈说，她和班主任一起探讨了好几次，终于发现小杰不愿去学校是因为他还沉浸在暑假无忧无虑的生活中，不想这么快就开始学校的学习生活。这种上学恐惧症也是一种假期综合征。我们以前只听说过上班族有假期综合征，想不到现在的学生也会出现这种情况。

孩子出现假期综合征多半是由于不合理的生活方式造成的。现在的家庭大都是一个孩子，孩子放假之后，父母由于忙自己的事情，很少顾及孩子，便任由孩子自己支配假期时间。由于没有了学校上课的约束性，这些孩子大都选择在家里打发时间，他们经常睡懒觉、看电视、上网，过着一种随心所欲的生活。他们常常到了假期的最后一两天才想起写作业，于是开始匆匆忙忙地赶作业。孩子一旦回到学校上课，他们往往会感到校园生活和家里的生活反差很大，一时难以适应，于是便找头晕、胃痛、拉肚子等理由来逃避上学。

现在的学生假期很多，如何让孩子过一个有意义的假期是每一个家长都要思考的问题，所以，孩子放假的时候，家长应该及时和老师沟通，和老师一起安排孩子的假期生活，比如安排孩子的假期作息时间，使孩子在放松时也有学习的时间。假期结束之后，家长也应该跟老师交流一下孩子的假期生活状况，尽可能让老师多了解孩子，多关心体贴孩子，让孩子感受到更多上学的乐趣。

但事实上，现在很多家长没有注意到假期和老师沟通的重要性。据我了解，大多数家长因为工作比较忙，只要孩子不出大事，就由孩子自由支配时间。也有一些家长想到与老师沟通，但因为怕给老师添麻烦，就放弃了与老师沟通的机会。实际上，如果家长能与老师一起安排孩子的假期生活，老师也会感到高兴，因为孩子的健康成长是家庭和学校共同的事情。大人对孩子教育一时的疏忽，不仅会使孩子错失学习的机会，而且会使孩子染上坏习惯，降低走向成功的可能性。

当然，孩子逃避学习是人的一种行为，孩子遭受失败、挫折、不适应、痛苦情绪、同学欺负等都会产生这种行为。尤其是当孩子在学习上遇到挫折时，一般会对学习产生焦虑和害怕情绪，久而久之，他们就会逃避学习。

具体来说，孩子不愿去上学一般有这样几个原因。一是难以适应学校生活。有些孩子适应能力比较差，到了一个新环境就感觉很陌生，甚至有些恐惧，一时难以适应。刚上学或换学校的孩子经常会出现这种情况。二是老师和家长的教育方式不同，孩子对家长有依赖心理。现在很多孩子都被家长娇生惯养，凡是孩子想要得到的东西，家长都会满足，久而久之孩子对家长就产生了依赖心理。孩子到学校后，老师不可能像家长那样满足孩子的各种要求，如果孩子遇到的老师比较严厉，那么孩子往往会产生逃避心理。三是孩子想玩儿。玩儿是每个孩子的天性，一些孩子在放长假之后，出现了假期综合征，不愿意改变无忧无虑的自由生活。四是老师布置的作业太多，孩子完成不了，又怕被老师批评，想以不去上学的方式逃避老师检查作业。

孩子不愿去上学，还有一个原因就是孩子厌烦学习。长期以来，老师一直是孩子学习的主宰者，每个孩子几乎整天忙碌着完成老师交代的任务。很多孩子对这种学习方式早已产生厌烦心理，但很少有家长为此而和老师沟通。

阳阳是一个非常活泼可爱的小女孩，刚上小学六年级，而她最近却闹着不去上学。听阳阳妈说，孩子性格外向，平时喜欢玩耍，以前总是很早就跑去上学，但在最近一段时间里，孩子总说心里很烦恼，却说不出到底在烦些什么。

经过一番仔细交流，我们总算弄明白了阳阳不愿去上学的真正原因。阳阳在进入小学毕业班之后，每天的作业量骤然增加，这让她一时难以适应。不仅如此，阳阳所写的作业带有重复性，比如一个词语要抄写10遍，每天都要抄写一大张试卷内容，即使正确的题目也得抄写。更让阳阳感到烦恼的是，作业量正在一天一天地增加，而很多作业都是她已经写过的。因此，阳阳常常觉得自己在做无用功，白白浪费了许多宝贵的时间，甚至影响了睡眠。

于是，我建议阳阳妈马上和老师联系，商量孩子的作业问题，如果是阳阳已经掌握的知识，就没必要再写相类似的作业了。否则，这样只会增加孩子的逆反心理，影响她的学习情绪和学习效果。

其实，这种现象在现在的学校里非常普遍。学校为了升学率，拼命地给学生增加作业量，尤其是毕业班的学生，他们的作业量往往是非毕业班的好几倍。曾经有很多家长告诉我，他们的孩子一上毕业班，整个晚上都很难完成作业，即使能完成都已经是深夜了。有些孩子一看到大量的作业，心里就特别烦躁，甚至在一怒之下把作业本撕得粉碎。在这种情况下，细心的家长就很有必要和老师联系了。

那么，家长和老师沟通要说些什么呢？首先，家长应该感谢老师的认真负责，聊些孩子学习上的事情；其次，家长可以根据孩子的实际学习情况，和老师商量能否给孩子减少作业量，比如孩子已经掌握的知识就没必要重复做了；最后，家长在征得老师同意给孩子减少作业量之后，还应当说明和老师一起督促孩子的学习。

当孩子出现不愿去上学的现象时，家长不可不分青红皂白地批评孩子，更不能以打骂的方式硬逼孩子上学。比较合理的做法是，家长能与孩子一起寻找其中的原因，及时和老师联系，探讨解决问题的方法。

小提示

家长怎样让孩子喜欢上学

让孩子喜欢上学是每个家长的心愿，要想让孩子喜欢上学，可以从以下几个方面入手：

第一，我们要培养孩子的独立自主能力。孩子不喜欢上学，大都反映出孩子缺乏独立自主能力，对我们有依赖，所以，我们应多让孩子自己的事情自己做，从小培养孩子的独立自主能力。

第二，家长的教育方式应该尽可能与老师趋于一致。有些家长对孩子过于宽容，甚至纵容孩子的某些行为，一到学校后，孩子发现老师的教育方式过于严格，往往很难适应。所以，家长和老师在教育孩子时，最好采用宽严相济的方式，该严格要求的就严格要求，也应适当地给予孩子自由空间。

第三，家长和老师要与孩子沟通，多理解孩子。这样孩子才能信任大人，不和大人有抵触心理。老师在布置学习任务时，应充分考虑到孩子的承受能力，过多的学习任务不但起不到作用，反而容易使孩子产生厌烦心理。当我们发现孩子对作业等学习任务反感时，最好能及时联系老师，看看能否减轻孩子的负担。

第四，如果孩子不愿去上学是因为贪玩儿，那么我们平时应教育孩子适当地玩儿，将玩儿和学习相结合。因为长时间地玩儿，很容易使孩子对学习产生厌烦心理。

三、孩子想换座位

在一所小学门口，有一个孩子闹着说：“不换座位，我就不进学校！”这个孩子的家长很无奈地看着孩子说：“你先去上学，我一会儿就跟老师说。”孩子始终听不进去，依然吵闹着。

我不止一次看到过这样的情景。现在的孩子闹起来非常厉害，什么花招都会使出来。很多家长碰到这样的情况感到很无奈，心中难免有一股怨气，于是就开始对孩子动粗，接着孩子哭得更加厉害了，最后弄得家长只好向老师求助。

换座位是孩子学习生活中比较常见的现象。老师给孩子排座位都是经过周密考虑的，往往要考虑到下面几种情况：

一是孩子的身高情况。这是老师首先要考虑的因素，老师一般会按照孩子的身高从低到高排列。每个孩子在生长发育期，身高情况各不相同，所排的座位自然不同。

二是考虑孩子的视力情况。高年级孩子的视力有所不同，老师给学生排座位往往要考虑到他们的视力情况，会将视力不好的孩子放在前面，而将视力好的孩子放在后面，当然这也要兼顾孩子的身高因素。

三是孩子的性格因素。每个孩子都有不同的性格，有的孩子好动，有的好静；有的内向，有的外向；男生相对顽皮，女生相对文静……老师在排座位的时候，会将这些因素考虑进去，把两种不同性格的孩子安排坐在一起，其目的是互补，学习别人的优点，利于彼此竞争。

四是成绩好差搭配。每个孩子的学习成绩都不一样，为了不孤立成绩一般的孩子，老师会让成绩优秀的孩子和成绩一般的孩子坐在一起，这是为了让成绩优秀的孩子帮助成绩一般的孩子，使他们共同进步。

五是性别因素。对于低年级的孩子，老师在排座位的时候，一般不考虑孩子的性别因素。孩子到五、六年级之后，有的孩子不大喜欢和异性坐在一起，所以老师有时让男孩与男孩坐在一起，女孩与女孩坐在一起。

所以，老师在给孩子安排座位时，考虑到了方方面面，既没有优待坐在讲台边的孩子，也没有忽视坐在角落里的孩子。

当然，每个孩子不会无缘无故想换座位，总有他的想法。我在做班主任的时候，就遇到过这种事情。当时，我接手一个新生班级，大家都不是很熟悉，我就按照上述的五个原则给孩子排座位，刚排好没几天，就有一个女生说要换座位，原因是她不喜欢自己的同桌，说是性格不合，坐在一起就想吵架。为了这件事情，我费了一些时间去了解她们的性格特征，结果发现她们的性格的确不一样，一个很文静，一个很热情。我想自己并没有安排错，把她们放在一起是为了让她们取长补短，相互促进。

于是，我把自己的想法告诉了那个女生，她最后还是勉强接受了我的建议。事实上，老师把两个性格迥异的孩子安排在一起，难免会发生一些摩擦，但这样做的目的是让孩子学会相互包容，学会求同存异，对培养孩子的良好品质很有帮助。

我们都知道，现代社会讲究合作精神，人与人之间在工作和生活中也需要合作精神，即使性格差异很大的人也能创造出十分出色的业绩，这往往归功于他们彼此的亲密合作。

在我当老师的几年时间中，遇到过很多次换座位的事情，但合情合理的并不多，有些孩子喜欢跟自己要好的同学坐在一起，有些孩子喜欢跟自己性格相似的同学坐在一起，有些孩子喜欢跟自己熟悉的同学坐在一起，等等，凡是不符合安排原则的，我都没有给予调换。如果都按照孩子们自己的想法去安排座位，肯定会造成混乱不堪的局面，使孩子们没办法正常学习。

还有一点要说明的是，老师满足了一个孩子换座位的要求，可能会有更多的孩子要求换座位，这样一来，老师可能就不好处理了。

我想，只要孩子提出换座位的要求合情合理、符合事实，老师也会支持调换的。有这样一个孩子，她性格内向，不怎么喜欢玩儿，常常坐在教室里看书写作业。后来，不知是什么原因她的学习成绩变得越来越差，作业本上出现的错误率也越来越高。因为这个孩子比较腼腆，她不肯将成绩下降的原因直接告诉我，而是偷偷在日记本里写到自己在上课期间经常看不清黑板上的字，原因是她被前面的一个男生挡住了视线。好在我及时发现了这个问题，于是把她的位置调到了前面。

让人感到头疼的是，一些孩子想换座位，居然还要拉上家长，让家长出面跟老师说。有个小孩读小学三年级，从三年级第二学期开学时起，那个孩子就闹着想换座位。为了达到目的，孩子还动了真格的，在家不吃不喝两天，最后家长没办法才打电话把事情告诉了老师。

我见过这个孩子的家长，他曾经跟我谈起过这件事情。当时，那个孩子因为旁边的同学上课太吵了，想换座位。可事情并没有就此结束，老师给他换了座位之后，没过几天，那个孩子又提出要换座位，说是和同桌没有共同语言。

我还知道一件特殊的换座位事情。有个叫南南的小学六年级孩子，平时爱说爱笑，爱看电视连续剧。有一天晚上吃饭的时候，南南突然对家长说："我想换座位。"家长好奇地问孩子为什么，南南神秘地一笑，说自己和同桌的关系越来越差，还影响了学习，他想和班上的一个成绩比较优秀的女同学小美坐在一起，还说小美不仅学习好，还喜欢帮助同学。

南南的家长知道这个孩子诡计多，先半信半疑地答应了。后来，南南妈还亲自去了一趟学校，才了解到了事情的真相。经过老师和家长的一再劝说，南南最终打消了这个念头。听了南南妈的讲述，我发现现在的孩子由于受到电视剧和社会环境等影响，还不会明辨是非的孩子常常天真地模仿影视中的人物，将友情当成了成人世界的爱情。

另外，如果孩子频繁要求换座位，那么可能表明他出现了某种心理问题，如自卑、恐惧、羞怯、不合群等。遇到这种情况，家长不要着急，可以先向老师了解孩子在学校的表现，平时多引导孩子主动与老师、同学、邻居等交往，让老师多鼓励孩子在班上举手发言；有条件的家长，应该多带孩子参加各种户外活动。时间久了，孩子会慢慢地消除羞怯和恐惧心理，变得开朗起来。

一般来说，孩子常常会根据自己的喜好和感觉决定做一件事情，比如换座位，几乎所有的孩子都想和与自己谈得来的同学坐在一起。如果跟同桌有了矛盾，就想排斥他，不想和他坐在一起。因此，孩子想换座位一般是因为和同学有矛盾或彼此没有共同语言，这是他们想换座位的最主要原因。

至于孩子跟家长闹着要换座位，这往往和家庭教育有关。现在的很多孩子娇生惯养，在家里是“小皇帝”“小公主”，家长也任由孩子撒野，只要是孩子提出的要求，家长往往都会满足他。时间久了，孩子不把家长放在眼里，而家长则成了孩子的仆人。只要是他们想要得到的东西，就会想尽一切方法得到。像换座位这样的事情，孩子知道老师很难说得动，于是就会在家长面前撒娇，要家长出面和老师说。

我还见过家长要给孩子换座位的事情。有一个小学刚刚开学，学校里来了好多家长，他们是来要求老师给孩子换座位的，其中一个班级居然有20多个家长提出要换座位的要求。有的家长说孩子的视力下降了；有的家长说孩子上课经常和同桌说话，影响学习成绩；有的家长说孩子太内向了，要求坐到前面，希望老师多关注；有的家长说孩子与周围的同学相处得不好……家长有各种各样的要求，最忙的要数老师了，他既要顾及家长的心理感受，又要为孩子合理地调整座位。

一般来说，孩子换座位有两种情况，一是孩子想换座位，二是家长想给孩子换座位。不管是哪种情况，家长都要和老师沟通，和老师一起寻找合理的解决方案。

家长和老师都要善于倾听孩子的心声，给予孩子自主权利。在大人眼里，孩子永远都是不懂事的，大人常常喜欢用自己的意愿控制孩子的行为。当孩子提出要换座位的时候，估计很多家长和老师都不愿意接受孩子的要求。可是，从长远来看，让孩子感受到一些实际生活中的权利与义务，对孩子将来养成独立自主的品格是有好处的。换座位这样的事，又无关原则问题，只要孩子的要求合情合理，就应尽量满足孩子的要求。

那么，孩子怎样的要求才算是合理的呢？我想，最基本的一条就是孩子所提出的要求不能影响他人的学习，比如个子高的孩子总不能坐在个子矮的孩子前面；如果孩子换座位只是为了和自己要好的同学讲话，那势必会影响孩子的学习。让孩子懂得如何不影响他人学习，可以培养孩子良好的品质。

让孩子合理选择。一个孩子在面对选择的时候，能否做出正确的选择也是一种心理考验。大人不妨让孩子自由选择座位，有的孩子在选择的时候，可能很注意搭配，有的孩子可能就只顾及自己的喜好。所以，大人要告诉孩子，追求自己心理的满足是可以的，但是也应顾及别人的感受和需要。这样一来，小小的座位调整，不仅使孩子经历了一次人际交往的考验，也让孩子学会了思考怎样合理搭配。大人只有给孩子多一些这样的选择，孩子将来才能有较好的抉择能力。

让孩子明白和自己喜欢的同学坐在一起的责任。这一点很重要，教育的目的就是让孩子明白什么是责任和义务，促进其心灵和精神的成长，所以老师允许孩子在学校犯错，但在犯错后要学会思考，勇于承担责任和义务。老师在答应给孩子换座位的时候，要让孩子明白换座位的责任，并让孩子向老师保证换座位后要做到哪些事情，等到老师给孩子换座位后，那么孩子往往会对自己说过的话负起责任，这在无形中培养了孩子的责任感。

小提示

多培养孩子的责任心和爱心

家长在教育孩子的时候，应该注意培养孩子的责任意识和爱心。虽然现在大多数家庭中都只有一个孩子，但不能因此而纵容孩子，而要处处留心培养孩子的独立自主意识。孩子稍大一些，能自己独立做一些事情的时候，比如孩子能自己吃饭、穿衣服、系鞋带……家长应该放手让孩子去做。家长还可以让孩子试着做一些家务活儿，参加一些社区活动，还可以通过帮助孤寡老人培养爱心。一般来说，有责任意识和爱心的孩子往往比较顾及周围的人，不会像那些“小皇帝”或“小公主”一样自私自利、冷漠无情。另外，家长心里有委屈或怨言的时候，也可以适当地在孩子面前发发牢骚，这样也能唤起孩子的同情心。

四、和老师谈谈孩子的不足

孩子上学后，很多家长都围着孩子转，小虎父母也一样。每天放学后，小虎妈都去学校接孩子，孩子总是兴高采烈地在教室外等着妈妈。孩子到家后，小虎妈常跟孩子聊些学习上的事情，比如今天学了什么，老师布置了什么作业，上课有没有认真听讲，和同学相处得如何，等等。

有一天下午，小虎妈像往常一样去接孩子，却不见孩子的影子，于是就去教室找孩子。来到教室后，小虎妈看到有孩子在打扫卫生，老师也在教室里辅导一个孩子功课，而小虎则坐在教室的角落里，闷闷不乐，似乎有很多心事。

当小虎妈正准备拉着孩子回家的时候，老师走过来了，喊住小虎妈："小虎妈，您好，我能和您谈一谈吗？"

老师说："小虎很聪明能干，这学期还是班级的生活委员呢！今天下午学校组织大扫除的时候，小虎作为生活委员很认真地检查班级同学的卫生打扫情况。小虎发现班上一个同学没认真打扫教室，一边扫地一边和同学嬉戏。于是，小虎就过去说了几句，可那个同学还是我行我素，小虎就用手推了那个同学一把，结果两个孩子扭打起来。我当时批评了小虎，可能说的话有点儿严厉，估计他心里也不舒服，您抽空跟他聊聊。”老师还告诉小虎妈，小虎表现一直很好，帮了老师不少忙，是老师心目中的好帮手。

听了老师的话，小虎妈愣住了，她一直觉得孩子挺好的，不应该发生这样的事情。在小虎妈眼里，孩子从小就活泼、懂事、好强，平时从不和人吵架，是一个人见人爱的好孩子。可是，现在出了这样的事情，小虎妈一时无法理解。

小虎妈回到家后，装作什么事情都没有发生，笑着对孩子说："今天，老师都夸奖你了，夸你为班级做了很多好事。老师说你检查卫生很认真负责，连同学都怕你呢！"

小虎低着头，似乎觉得有点儿不好意思。过了好一会儿，小虎才开口把事情的经过告诉了妈妈。原来那天下午学校大扫除，小虎去教室检查卫生，结果发现值日生没把地扫干净，角落里还有垃圾，窗户上还有灰尘。小虎让值日生重新打扫，可他们就是不听小虎的话，还有说有笑的，还说小虎多管闲事。小虎一生气，就推了一个值日生的后背，后来，他们就打了起来。老师赶来之后，把两个人都批评了一顿，并特别严厉地批评了小虎。

小虎妈听后说："值日生没把地扫干净，的确不对。你应该说他才对，可不能用推的方法，万一你把人家推倒在地，人家摔伤了，你该怎么办？还有，你居然还跟人家打起架来，这可有损你生活委员的形象哦！"

小虎似乎明白了什么，点了点头说："我为什么不去找老师呢？"

"对呀，当你没办法解决问题的时候，你应该去找老师！"小虎妈又说道，“那你想想看，你有没有不对的地方呢？”

小虎想了想说：“应该有吧。我不能太急，一急就慌张，还推了同学一把。”

小虎妈又说：“你真棒，妈妈知道你是一个明事理的孩子，那么你明天想不想向老师认个错呢？”

“想！”小虎爽快地答应了。

小虎妈说：“以后做事情可别意气用事，要多动脑子，遇到自己解决不了的问题，可以向老师反映，请老师一起帮助解决。”

第二天上午，小虎在妈妈的鼓励下，主动向老师道歉。看到小虎这么诚恳地认错，老师满意地笑了。从那以后，小虎又恢复了往日的样子，快乐得像一只小鸟。

每个孩子都有缺点，这是非常正常的现象。当老师向家长反映孩子的不足时，家长的情绪反应各不相同。有的家长听了之后，情绪异常激动，甚至火冒三丈，对老师说自己孩子的不足非常不满，认为自己孩子是最好的，不希望别人说孩子不好；有的家长根本就不理睬老师的话，一时间难以接受，总认为孩子没有缺点，往往采取回避的方式，推卸责任；有的家长一听说孩子有不足，就马上狠狠地批评孩子。家长的这些情绪反应不利于和老师正常沟通，也很难解决孩子的问题。

当然，我们也看到有不少家长还是非常配合老师工作的。像刚才说的小虎妈就比较主动配合老师的工作。在老师对孩子提出不足的时候，小虎妈虽然有本能的情绪反应，一时难以接受老师的话，但最终还是以循循善诱的方法引导孩子认识错误，这不失为一种很好的方法。

一般来说，家长容易发现孩子的优点，不大愿意看到孩子的缺点。但是，我们不得不承认这样的事实：在这个世界上，没有人是十全十美的。一个人有缺点，其性格特点才更立体，有缺点才说明孩子可以变得更完美，家长应该善于发现孩子的“缺点美”。如果孩子有缺点，老师指出来也是一种负责任的表现，所以，当老师把孩子的缺点告诉家长的时候，家长不应该过于情绪化。

一般情况下，老师都会以委婉的语气和家长说话，即使孩子犯了很大的错误，老师也会顾及家长的感受，一般会先说孩子的优点，再引入重要话题。比如，有个孩子打架了，老师可能会这样对家长说：“这个孩子比较聪明活泼，画画比较认真，可就是有一点儿攻击性，今天又和同学打了起来。”当家长听到这样的话时，千万别生气，其实老师已经想到了家长的感受。

当然，也有一些说话直接的老师可能会伤害家长的自尊，比如，有个孩子上课爱做小动作，老师教育之后依然我行我素，于是老师可能会说些气话：“你这孩子没救了。”“看看其他孩子，有哪个像你家孩子那样不听话的？”……家长遇到这样的情况，该怎么办呢？我认为，家长最需要做的是保持冷静，听老师说完，接纳老师的负面情绪。不管怎么说，都应该感激老师把孩子的缺点说出来。有些时候，家长可以从老师的说话语气中获得信息，比如，老师开口就责备孩子的，往往是情况比较严重。这时，家长要以中立者的眼光观察孩子，对孩子的行为做出客观的评价。

家长除了倾听老师讲话外，还要做出适当的回应。当老师说到孩子的缺点时，家长可以根据孩子在家里的表现，谈谈孩子有没有类似的缺点。很多孩子的缺点在家里就是存在的，只是家长由于各种原因而忽视了孩子的缺点，到学校之后，孩子的缺点依然存在，老师可能会注意到这一点。

家长要尊重老师的意见，即使感觉老师“冤枉”了孩子，也不要急于反驳，可以和孩子谈心，具体了解问题后再和老师解释。缺少家庭教育方法的家长可以借此机会向老师咨询教育孩子的经验和方法。

只要本着一切为了孩子健康成长的原则，家长在尊重老师的基础上，和老师平等自然地沟通，相信孩子的缺点会越来越少。

小提示

孩子有缺点如何改正

每个孩子都有各种各样、大大小小的缺点，家长该怎么帮助孩子改正缺点呢？

第一，营造宽松的家庭环境，改善一下家庭的互动模式。孩子越是屡教不改，家长越是要提高警惕，这是典型的“警察”与“小偷”的家庭互动模式。在孩子出错时，家长可以用朋友的语气告诉孩子：“其实，我小的时候也容易犯这样的错误，但通过努力，我相信你一定能改正。”

第二，家长要改变教育观念。错误是最好的老师，孩子犯错后，自己一般能够找到解决的办法。从我接触的大量案例来看，没有错误，孩子就不会健康地成长。家长对孩子的完美化要求，只能让孩子变成温室内的小花，长大后往往很难适应社会的风雨。家长只有有意识地让孩子承受一些挫折，孩子才会学到他真正需要的东西。

第三，家长要善于使用欣赏孩子的语言。国外的心理学家说，孩子在成长中需要得到50000次的鼓励和欣赏，才能成为一个高自尊的人。当孩子有了小小的进步时，家长千万别吝啬自己的赞美，鼓励孩子向好的方向发展。

五、孩子任性，家校沟通有办法

经常有家长抱怨说："我的孩子脾气大。""我的孩子特别任性。""我的孩子动不动就赌气。"……孩子常常用不吃饭、大哭大闹、满地打滚、关在房间里、不理睬家长等手段要挟家长，一旦他们通过这一番折腾最终如愿以偿，就会变得越来越任性。

我认识一对夫妇，他们小时候的生活十分艰辛，对生活的不易深有体会。孩子出生后，他们围着孩子转，孩子需要什么，他们便会千方百计地满足孩子。

孩子上学后，他们跟在孩子后面跑，每天轮流接送孩子。可他们也发现，孩子的坏习惯越来越多，令他们百思不得其解。有一次，孩子的爸爸跟我说起这样一件事：

前几天，11岁的小康准备起床上学，可他不知道怎么穿衣服，便慌张地喊："妈，您快点儿过来给我穿衣服！"小康妈正在做饭，便没搭理孩子。可哪里知道，这个孩子居然坐在床上大哭大闹起来。不仅如此，小康在学习上也是这样。有一次，小康在家写作业，碰到一道难题，一时心急便把作业本给撕了。而且小康非要家长给他解答题目，又哭又闹，小康妈非常焦急，不知道孩子到底怎么了。

眼看着孩子的学习成绩越来越差，小康父母愈加焦急不安。小康妈拨通了老师的电话，把情况告诉了老师。经过一番沟通，老师把小康在学校的情况反映给小康妈："上课无精打采，不爱举手回答问题，写作业拖拉……"面对这样的情况，小康妈更加焦虑。幸好，老师给小康妈分析了孩子任性的原因。

原来，小康的任性与家庭教育有关。小康小的时候，爷爷奶奶特别怜爱他，对他百依百顺，可小康父母对他则会相对严格一点儿。对孩子的教育方式不一致容易使孩子变得任性。小康妈想起平时对孩子的教育方法也非常简单粗暴，造成孩子的逆反心理，从而埋下了任性的种子。

最后，老师给小康妈支了招，告诉小康妈任性是一种心理需求，家长首先要有足够的耐心，切忌迁就、打骂。其次，家长要学会拒绝孩子。不要认为拒绝孩子会造成伤害，相反，这恰恰是对他最好的教育。要想培养一个优秀的孩子，那么面对他最初的不合理要求，家长一定要坚决地说"不"，不能有丝毫心软。再次，家长要提前给孩子打好预防针。孩子任性发作一般是有规律可循的，当预计孩子可能因某种情况任性时，要提前给孩子打好预防针。最后，等孩子情绪闹得差不多了，家长要趁此机会和孩子谈谈，但在谈话中要把握主动权。家长对孩子说"不"之后，要耐心地向孩子解释拒绝的理由，让他明白"不行"的道理。总之，拒绝孩子，起点是爱，终点还是爱。

老师还告诉小康妈，孩子任性的时候，换种说话方式，例如孩子不愿意写作业，家长可以对孩子说：“你不是说要像陈景润那样认真学习吗？”少一些催促的唠叨，多一些正面的引导。老师建议小康妈采用物质奖励法，只要小康有了一点进步，就可以适当地给他一些物质奖励，促使他向更好的方向发展。

经过这次沟通，小康妈罗列了几个要点，准备等孩子放学回家后，就开始实施。晚上的时候，小康妈把物质奖励的办法告诉了孩子。

在接下来的日子里，小康像变了一个人似的，一回家就先写作业。妈妈看在眼里，便兑现了物质奖励，小康拍手叫好。小康妈时刻与老师保持联系，相互了解孩子的转变，商讨下一步实施方案。渐渐地，小康改掉了写作业拖拉的习惯，人也变得开朗起来。

顺便说一句，如果家长发现孩子的任性很严重，可以把情况反映给老师，让老师多关注一下孩子在学校的表现。我们也了解这样一种情况，有些孩子在家里比较任性不听话，可一到学校，孩子就变乖了，很听老师的话。家长可以借用老师的话来管教孩子，比如:“老师说，你应该……”“老师认为你在这方面还有所欠缺……”“老师说你应该更优秀才是……”但我们也要注意实事求是，不能用连哄带骗的方式教育孩子，这样终究会被孩子识破，让孩子失去对家长的信任。

有些孩子也会在学校表现出任性，比如我行我素，不顾及他人的感受；难以接受老师的批评；行为霸道，容不得他人占上风；等等。

对于这两种情况的任性表现，老师和家长的教育方式最好能够保持一致，以平常心对待孩子，帮助孩子独立成长。

当孩子在学校表现出任性时，有些家长容易发火，出现打骂孩子的现象，结果孩子更加不听话，表面上虽然已经服气了，但心里却不服。在这种情况下，孩子容易产生反抗和怨恨心理，严重的会出现对立现象，甚至一气之下离家出走。

有些时候，对于孩子的那些无理取闹的行为，家长可以采取冷处理，当作没有发生一样。但过了一段时间后，家长要找孩子了解情况，以免孩子发生跟家长赌气的现象。

所以，家长和老师都要做一个有心人，善于发现孩子的优点，并及时强化孩子的好习惯。不管是家长还是老师，只要发现孩子有优点，就应该以赏识和鼓励的眼光看待孩子，激励孩子向好的方向发展。

在生活中，家长和老师都要鼓励孩子学会独立生活。比如，孩子穿衣、吃饭、整理物品等，都需要从小培养。对于住校的孩子来说，老师的作用非常大，他可以帮助孩子树立正确的人生观，以积极的态度应对生活。如果家长怕孩子做不好就事事包办，就会错过良好的教育时机。

当孩子取得进步时，家长不能用金钱奖励孩子。物质奖励的确能够促使孩子产生动力，但这样的激励作用毕竟是非常有限的，不能持久地促使孩子取得进步。

当然，家长要尊重孩子，按照成长规律培养孩子。法国启蒙思想家、哲学家卢梭说："要尊重儿童，不要急于对他做出或好或坏的评判。"尊重孩子是教育孩子的良好开端。

小提示　理性看待孩子的反抗期

孩子的第一个反抗期一般在2岁的时候就出现了，从表达“我要……”“我想……”“我不要……”开始，这时候的孩子已经有了逆反心理，很想摆脱大人对他的束缚，他对什么都好奇，见到自己喜欢的东西就想要。我们跟他讲道理只能起一时的作用，他往往一眨眼就忘记了。

我们不妨试着这样做：

第一，家人对孩子的教育方式要一致，对吃、穿、玩具等东西不能一味地满足孩子，需要的时候买一点儿就行了，太多了容易溺爱。

第二，买东西的时候，少对孩子说：“你想要什么？”如果任由孩子挑选东西，有了第一次，就有第二次，以后的“胃口”会越来越大。

第三，对于孩子哭闹，只要是无理要求，就让他哭，不要心疼，但哭过之后，我们要安慰孩子，跟他讲道理，说明情况。

第四，我们要尽可能鼓励和引导孩子，比如让孩子与家人比赛起床、穿衣服，或者给孩子安排一个任务，比如让他每天早上催爸爸起床，让他成为小管理员等。

第五，多关注孩子的阅读，读书能使人安静。

第六，可以带孩子参观家长工作的地方，让孩子明白家长是做什么工作的，有多辛苦。

第七，孩子有了进步，要适当表扬。

第八，鼓励孩子跟品行优良的人交往，给孩子树立一个榜样。

六、孩子早恋，家校如何合作引导

孩子到了青春期，变得越来越叛逆，亲子关系骤然紧张起来，很多父母还担心孩子谈情说爱，最怕孩子因为恋爱而荒废了学业。

小惠妈也一样。孩子读初中后，小惠妈时常教育孩子不能跟男生走得太近，不能随便接受男生的邀请或礼物，更不能跟男生嬉闹。在她眼里，小惠一直是一个既文静又懂事的孩子，学习成绩又好，从不和男生交往。

小惠上八年级的时候，有一次，小惠妈听邻居说：小惠谈恋爱了，还经常和一个男生手牵手地走在大街上。刚开始，小惠妈不以为然，以为邻居看错了。直到某一个星期五下午，小惠妈特意去学校接孩子。眼看着人家孩子一个个背着书包走出校门，可不见小惠的人影。

小惠妈急忙打电话给孩子的班主任，只听对方语气有点儿气愤地说：“你是小惠家长，来得正好，快到办公室来一下。”她一听傻了眼，断定孩子出了什么大事，便急忙赶去办公室，只见孩子和一个男生站在老师面前。顿时，小惠妈明白了一切。

小惠妈想起，孩子的变化是从七年级下半学期开始的。那时，小惠变得爱打扮，每次出门前总要照一次镜子，并穿上最漂亮的衣服。这一切，小惠妈都知道，但她没有干涉孩子的穿着打扮，只是偶尔提醒孩子穿得朴素点儿。

在办公室里，老师给两个孩子分析了早恋的坏处，还建议小惠妈引导孩子端正思想，把心思放在学习上。回到家后，孩子一直很生气，还说大人多管闲事。遇到这样的情况，家长又该怎样教育孩子呢？

青春期又称“心理断乳期”，处于青春期的孩子大都敏感、叛逆，大人总猜不透孩子的心理，谁都没想到小惠谈起了恋爱。处于青春期的孩子由于受环境的影响，比如接触以恋爱为主题的书籍、电视和电影；某些孩子由于缺乏家庭的爱和温暖，容易孤独敏感，需要找个精神寄托；还有些孩子由于学习压力大，为了逃避沉重的学习生活，谈恋爱便成了一个出口，这些都是造成孩子早恋的因素。

一旦孩子出现这种情况，家长与老师的合作显得更加重要，他们之间需要一种共识，即无论是家长还是老师，都需要理智分析，理解孩子，重在疏导，而不是一味地指责、阻拦，否则容易造成孩子的逆反心理，其结果适得其反。大人也要尊重和保护孩子的隐私，应该尊重孩子的人格，不可将孩子的这种行为张扬出来，免得孩子心灵受到伤害。

我们可以设身处地为孩子想一想，当他们的恋情被大人发现后，他们的内心会是何其慌张和不知所措，简直可以用一团糟来形容。作为大人，最好能够接纳孩子的这种行为，将早恋视为正常现象，赢得孩子的信任，在此基础上帮助孩子分析恋爱、学习、生活之间的关系，帮助孩子认识到恋爱对学习的影响，鼓励孩子多参加学校的各类活动，并在活动中培养他们广泛的兴趣，转移孩子的恋情。

接着，家长要跟老师通力合作，时刻关注孩子的情绪变化，把孩子在家里的情况告诉老师，并且寻找孩子出现早恋的家庭因素，父母需要反思自己是否对孩子不够关心，是否出现过家庭暴力现象，是否和孩子的关系比较疏远，避免让孩子因谈恋爱而出现严重后果，如怀孕、自杀等严重问题。

此外，家长和老师要多给孩子传播一些性知识，目的是让孩子科学地认识性及恋爱，能够有礼有节地与异性相处。

小提示　家有中学生，家校沟通需要注意什么

孩子上中学后，家长与老师的沟通内容出现了一些变化，需要关注这样几个方面的内容：

第一，向老师了解孩子在校期间的心理及情绪的变化，尤其要关注孩子的青春期心理。此时的孩子，其心理比较敏感脆弱，需要大人关注呵护。

第二，多与任课老师联系，咨询孩子的学习情况，了解是否存在偏科现象。

第三，多了解孩子的兴趣爱好，发展其特长。

第四，对于毕业班的孩子，家长要及时向老师了解孩子的备考情况，特别是备考状态。家长可以配合老师的工作，为孩子营造一个温馨的备考环境。

七、孩子利用老师说假话怎么办

嘉铭是一个非常活泼的男孩，平常喜欢跟大人交流，常把自己在学校的事情告诉父母，时常冒出这样一句“老师说……”，把老师的话当成了“圣旨”。因为这样，父母以为孩子在学校里很听老师的话，也就没怎么注意孩子的行为。

读小学五年级的时候，嘉铭妈发现儿子经常用老师的话来逃避某些学习问题。有一次，嘉铭妈翻了翻儿子的作业本，嘉铭立即夺了回去，并郑重说道：“老师说，大人不能偷看小孩的隐私。”于是，嘉铭妈很不解地问：“老师真的说过吗？”嘉铭又搬出老师的话来反驳妈妈，这让嘉铭妈哭笑不得，她的儿子怎么这样听老师的话呢？

一天，嘉铭妈还发现儿子同样不允许父母翻阅他的试卷和课本。几天后，嘉铭妈发现儿子遇到难题就不写了，这使她非常担心，便坐下来想说服儿子，可嘉铭又说：“老师说过，做不出来可以空着。”嘉铭妈转念一想，既然老师都这么说了，大概有一定的道理吧。

令嘉铭妈担忧的事情还在后头，因为儿子的学习成绩一直不好，作为父母当然十分着急，便给儿子买了一些辅导用书，想让他利用空余时间做些补充练习，可哪里知道儿子一点儿都不感兴趣，还一本正经地说："我们老师不允许大家买辅导用书，说这样会增加我们的负担。"对此，嘉铭妈真的无语了。

为什么儿子的心里有那么多的"老师说……"？他会不会是利用老师的话说谎呢？为了搞清楚心中的疑虑，嘉铭妈拨通了老师的电话，把儿子的情况反映给了老师。电话里，老师也很惊讶，因为他根本就没有说过那些话，尽管有时候在课堂上提过"尊重隐私"，但并不是嘉铭所说的那样。

通过这次沟通，嘉铭妈了解到了儿子的真实情况。接着，嘉铭妈与老师达成默契，双方互通电话，打算用一个月的时间，通过短信互相通报嘉铭当天的作业情况及要求。当儿子不想写作业，把"老师说……"作为挡箭牌时，嘉铭妈立刻拿出老师的手机短信来反驳。一个月下来，儿子逐渐改掉了利用"老师说……"说谎的坏习惯。

孩子上学之后，老师的光辉形象慢慢掩盖了家长，老师的言行举止成为孩子的榜样。那些知识渊博、和蔼可亲、幽默的老师，特别受孩子欢迎，让很多孩子把老师的话当作评判事物的标准，比如："老师说，这个不好。"

当家长发现孩子把"老师说"挂在嘴边时，首先需要淡定，这恰好说明孩子很信任老师，这是成功学习的第一步，这样的孩子在学习方面往往会有更出色的表现。同时，这是孩子在摆脱家长的影响，是他长大的表现。

不可否认，我们也应当看到有时候孩子会利用老师的话说假话。那么，我们该如何识别这种现象呢？一是经常性，孩子会经常拿老师的话来反驳或要挟，例如有孩子想多要点儿零花钱，经常说：“老师告诉我们，这周要买……”；二是所说的话与常理不符，比如：老师说“可以一边看电视一边写作业”等。

发现之后，家长应找老师确认事实，联手矫正孩子的这种坏习惯。在这个过程中，大人要尊重孩子，不能当面说教，因为这样会使孩子感到反感。像案例中的嘉铭妈和老师的做法，值得借鉴。当然，有些孩子可能会想出新的办法说谎，家长耐心观察是第一步，然后看看是否符合事实和常规逻辑。

需要指出的是，家长与老师的经常沟通是预防孩子利用老师说谎的最好方法，因为这样会让家长更加了解孩子在学校的情况。

小提示

孩子说谎，大人莫急着揭穿

心理研究表明，几乎每个孩子都会说谎，但这背后肯定有原因。当家长发现孩子说谎的时候，莫急着揭穿。家长在向老师反映此行为时，也不要急着给孩子贴上“说谎”的标签。家长可以向老师打听孩子在学校里的情况，例如有没有说谎的行为。在了解情况后，家长应以平常心看待孩子的行为，多反思自己的管教方式。切不可像有些家长一样，不分青红皂白地对孩子兴师问罪，或者联合老师共同审问孩子的行为。很多时候，家长给孩子的爱与安全感越是充足，孩子的说谎行为越会在不经意间消失。

第五章　好沟通成就好孩子

家长与老师都是孩子的老师，孩子的优秀离不开家长与老师的共同努力，而二者的沟通起到了重要的桥梁作用，例如怎样让孩子爱上学习，如何帮助孩子走出困境，让他健康快乐地成长……

一、抓住引导孩子的最佳时机

成成妈最近一直很郁闷，遇到人就想发火，因为成成在学校惹祸了，把一个年轻老师惹生气了，害得那个老师不愿意到他班里上课，班主任老师多次打电话给她反映情况。

班主任最后一次打电话过来的时候，还这样质问了成成妈一句："你们家长到底有没有管教过孩子，这孩子真的是无法无天了。"成成妈一听老师火气很大，不知道该说什么，也想不出什么办法来。成成妈想去学校找老师当面谈谈，可孩子在学校惹了麻烦，总觉得自己没脸面去见老师；可不去找老师沟通，她又觉得心里不踏实。

最后，成成妈终于鼓起勇气，决定去找老师谈谈，但她还是不愿去学校，而是约老师到外面见面，把地点选在咖啡厅里。当成成妈打电话约班主任的时候，班主任还以为家长要请客吃饭，开始时并没有答应。经过成成妈一番劝说，老师才答应了，最后把时间定在了周六下午两点钟。

见面那天，成成妈想带着孩子一起去见老师，可是成成一听说要去见老师，就装病不愿意出门了。

于是，成成妈只好一个人去和老师见面。在咖啡厅里，成成妈一见老师就问："老师，孩子学习怎么样？"班主任是一位跟成成妈年龄差不多的妈妈，也有一个跟成成年龄差不多的儿子。老师了解成成妈的心情，就说道："成成性格上比较外向，很调皮捣蛋。上次那个年轻的数学老师因为成成上课捣乱，于是点了成成的名字，说了他几句，结果成成却装作什么事情都没发生，还引起全班同学哈哈大笑，老师实在没办法，只好自己委屈地离开了。"

成成妈皱了皱眉头，把孩子在家的表现告诉了老师，原来成成在家很老实，见到熟人总是低着头。上次，家里来了很多客人，家长想让孩子下楼打个招呼，结果孩子怕生，不愿意下楼。平常在家里，成成妈也没发现他有特别调皮的地方，就是有时候看到他跟邻居小孩玩儿得挺疯的。

在家里表现很乖巧的成成，到了学校之后就成了顽皮的孩子，这多少令老师和家长感到问题有点儿棘手。

其实，老师和家长一样，都希望孩子能够听话，好好学习，成为一个好孩子。他们之间的沟通就是为了矫正孩子的错误行为。可很多时候，家长知道孩子的情况，却不跟老师说，这往往让老师白白浪费了大量的时间去把握孩子的性格特征。有时候，家长虽然知道孩子犯了错误，却不把孩子的错误指出来；有时候，孩子告诉家长在学校发生的事情，家长却不帮助孩子明辨是非，这些做法都是不可取的。

在沟通当中，成成妈把孩子的特点告诉了老师——比如调皮捣蛋，这个孩子看似老实，内心却很野，喜欢跟小孩疯来疯去。

老师微笑着说："谢谢你告诉我成成的具体情况，我现在才真正了解到这个孩子调皮捣蛋的原因。现在的家庭大都是一个孩子，家长宠爱孩子似乎成了一种趋势，但这样的教育方式对孩子的成长很不利。就成成在学校调皮捣蛋而言，他的行为是长期放任的结果，孩子的心中没有了规矩，遇到管理松一点儿的老师，他很可能把班级当作自己的游乐场。再说，孩子年龄还小，我们不能用打骂的方式教育孩子，这样容易使孩子从小就产生逆反心理。"

"那我现在应该怎么办呢？"成成妈迫不及待地问。老师说："孩子上学之后，教育孩子成了家长和老师共同的事情，让我们一起想办法吧。"

俗话说："冰冻三尺，非一日之寒。"成成的情况不是一两天就形成的，而是长期积累的结果。老师的一番话让成成妈顿时有了沟通的动力，在她看来，只有和老师真诚地沟通才能真正地解决问题。

几天之后，成成妈突然发现孩子有了变化，成成一回家就拿出作业本开始写作业。成成妈像往常一样对待孩子，可孩子变得比以前听话了，连在家看电视的时间也比以前少了一个多小时。渐渐地，成成妈还发现孩子变得有礼貌了，一进家门就喊"妈妈"，也会跟身边的人打招呼了，更为突出的变化是孩子开始学着自我管理，比如，在家写作业用多少时间，玩儿多少时间，几点睡觉，什么时候起床，等等，他开始安排自己的生活，这是孩子开始独立的表现。

成成妈看到孩子有了这么大的变化，心里有说不出的高兴，不过这一点还得感谢老师。为了感谢老师，成成妈决定再次约老师到咖啡厅见面。

时间还是周六下午两点钟，成成妈依然在老地方等待老师的到来。经过这次沟通，成成妈才真正知道了孩子变好的原因。家长在教育孩子时，关键是抓住时机，如果错过了最佳教育时机，有可能出现事倍功半的情况。

听老师说，成成的变化是从一次打架之后开始的。有一天，成成与班里品行、学习都很好的同学小科发生了争吵。被老师发现后，按照成成以前的经验，老师肯定会袒护小科，但那次老师却一反常规，采取冷处理，经过仔细询问，老师终于弄清楚了事情的原委，对成成与小科的打架事件进行了公正的处理。结果，成成大为感动，想想自己也有做得不对的地方，便主动向老师认错。老师利用这个机会告诉成成："成成，老师知道你有很多优点，比如诚实，敢于认错，平时劳动很积极，为班级做出了不少贡献，还有你的画画得非常棒，老师很欣赏你。"成成听了老师的话之后，一下子变得更加遵守纪律、尊敬老师、关心同学了。

成成妈终于认识到了真诚沟通的力量，是自己和老师的真诚沟通帮助孩子找回了自信。一次真诚沟通抵得上多次随意沟通，好沟通就应当真诚相待。

真诚是沟通的灵魂。美国学者斯蒂芬·P. 罗宾斯认为任何一个沟通过程都包括七个部分：信息源、信息、编码、通道、解码、接收者和反馈。就家长和老师之间的沟通而言，每次沟通必定也包括上述七个部分。不管是家长还是老师，在传递信息时，可能因为自我保护等原因，很容易发生信息失真的情况。因此，在家长和老师沟通的整个过程中，真诚是敞开心扉对话的前提条件，沟通双方都应该以真诚的心真实地面对问题，这样才会拉近彼此的距离。

如何做到真诚沟通呢？首先要信任对方，愿意把心里话告诉对方。如果沟通一方不信任对方，就很难达到沟通的目的。其次，沟通双方要有问题意识。没有问题意识，也就失去了沟通的意义。要知道，你是带着问题来沟通的，不管结果怎样，双方都应该抓住问题沟通。最后，沟通双方要坦诚相待，相互尊重。家长和老师在沟通时，可能会出现意见不合的现象，但一定要尊重对方的人格，耐心倾听对方的叙述。

小提示　孩子不喜欢上兴趣班怎么办

现在的许多孩子从小就在兴趣班里度过，孩子上兴趣班已经成为一种时尚。其实，只要我们去问问孩子，就会知道不是每个孩子都喜欢上兴趣班的。假如我们遇到孩子不喜欢上兴趣班，又该怎么办呢？

首先，倾听孩子的心声。孩子看问题一般很感性，需要家长引导。家长可以让孩子在十分轻松的环境下说说自己的想法，然后再来引导他。

其次，报兴趣班要征求孩子的意见。值得注意的是，现在很多家长在给孩子选择兴趣班时，常常单纯地把兴趣班学习和以后的考试加分联系在一起。我个人认为，这样的想法是不可取的，因为这样往往会导致孩子产生厌学情绪，久而久之，还会让他对家长失去信任感。家长在给孩子报兴趣班之前，最好征求一下孩子的意见。

再次，适当为孩子创造休息的时间。现在的孩子在学校里的事情已经够多了，很多孩子连周末休息的时间都没有，这是非常令人担忧的问题。家长应当为孩子创造休息的时间，使孩子拥有一个美好的童年。

最后，在孩子特别忙碌的时候，家长适当地关心一下，比如，带孩子出去走走，陪孩子玩儿一下，帮孩子做一些事情，为孩子准备特别的晚餐，等等，这样做的目的是让孩子找到依靠和支持。

另外，家长还可以借助外在的力量引导孩子上兴趣班，最好跟老师沟通一下，让老师当面引导孩子，比如，让老师鼓励孩子继续学书法和画画，把班级里的黑板报出得更好，毕竟孩子还是比较信任老师的。

二、如何让孩子爱学习

有时候，沟通就像一根神奇的魔杖，只要家长和老师善于使用这根魔杖，它就能发挥神奇的作用，为孩子点亮自信之灯。

我认识一个读一年级的孩子小李，老师教了半个学期，小李连10以内的加减法都不会算。于是，老师让他熟记10以内各数的加和减。小李花了很长时间才把这些数字的加和减背得滚瓜烂熟，可他一碰到具体的运算题目，依然不会算。渐渐地，老师没有了开学初的那份耐心，加上小李上课一声不吭地坐在教室里，老师也就不太关注小李了。

我想，小李这样下去是非常可惜的。幸亏小李妈注意到了这个问题，小李每天放学回家之后，总说没有数学作业，小李妈觉得很奇怪，就问孩子为什么没有数学作业，小李支吾说，数学作业在学校写好了。刚开始，小李妈还信以为真，没怎么在意。可过了大半个学期之后，孩子依然从不在家写数学作业。于是，小李妈将信将疑地打电话给老师。

这是小李妈第一次打电话给老师，一询问才知道小李在说谎。都已经大半个学期了，小李的数学还是跟没学一个样，这让小李妈十分着急。现实中常会出现这样的情况，孩子的学习情况到了非常糟糕的地步，家长才发现问题的严重性。小李的学习情况的确非常不好，对数学学习几乎已经丧失了兴趣和信心。

小李妈和老师沟通的最大收获是了解到了孩子在学校的学习情况，她期待在自己和老师的共同努力下能够帮助孩子把学习成绩提高上去。

为此，小李妈专门去了老师家一趟，老师也没有想象中那么严肃，不好交流。于是，小李妈和老师一起商量了一些对策。孩子的学习场所无非是学校和家庭，但主要还是在学校里，老师的一举一动都会影响孩子。我们看到上学后的孩子特别信任老师，常常听到他们这样对家长说："老师说……"在孩子的心目中，老师对自己的关注和支持是十分重要的。当时，小李妈恳请老师多关注孩子的上课情况，目的是不让孩子被老师忽视。至于小李的数学怎么提高，老师认为需要由家长和老师一起完成。最后，他们达成这样的共识，即小李一有进步，就应当给予鼓励和适当的奖励。

第二天上数学课的时候，老师像往常一样在讲台上讲课，但时不时地用期待的目光注视小李，还让小李回答问题，虽然小李答得不是很正确，但老师还是鼓励了他。那天下午放学后，小李回到家，第一件事就是拿出数学作业，迫不及待地想先写数学作业。可不一会儿，他却愣在那里，看着那些数学符号发呆，又偷偷地把数学作业放回了书包。小李妈看到之后，就悄悄地把数学作业拿出来，陪孩子一起做。说实在的，小李的数学课都已经上了一大半，但他连前面的内容都没掌握，更不用说刚学的内容了。

好在小李妈很有耐心，她知道孩子心里在想什么，就坐下来教孩子写作业，费了很大劲儿才和孩子一起写完作业。小李妈发现，孩子在学习数学方面似乎真的没天分，反应很慢，算一道简单的加减题，还要用手指头数半天。这时，她又想起了孩子的老师，便打电话给老师，焦急万分地问："我的孩子该怎么办呀？"老师觉得小李的智商应该没有问题，数学学不好，可能与学习心理障碍有关。

有一天晚上，老师给小李妈发了一条信息，说小李可能对数学有恐惧心理，问小李是不是在读幼儿园的时候受到过挫折。这时，小李妈才想起孩子在读大班的时候，有一次因为写错了一道数学题目，结果被老师罚站了一天，也可能是因为这个原因，孩子从此就对数学产生了恐惧心理。

孩子学习有问题并非都是智商有问题，有时是学习心理出了问题。良好的学习心理，会使人对学习产生无穷的动力。我们常常看到，有些孩子学习能力特别强，只要老师点一下就懂，而有些孩子即使老师讲了很多遍，也不见得完全明白。这种学习能力的差异，往往是学习心理的差异造成的。

小李妈弄清楚孩子的情况之后，直接跑到学校找老师。这次谈话主要是商量如何消除小李的不良学习心理。有一次，老师在上课的时候，让全班同学寻找自己或同学的优点，轮到小李说的时候，他一直说不出来。老师特意安排班长说出了小李的优点，当班长说小李很聪明，劳动特别积极，讲文明礼貌的时候，小李笑了，而且笑得非常灿烂。从那以后，小李整个人变得积极起来，不仅下课和同学一起玩儿，上课也能举手回答一些简单的问题了。

从小李的转变中，我们不难发现，孩子学习不好，更主要的是因为他们失去了自信，存在学习心理障碍。帮助他们找回自信，重塑心灵，是每一个家长和老师的责任。适当地夸奖孩子，放大孩子的优点，不失为一种好方法。

小李逐渐变得开朗起来，但成绩依旧没有什么太大起色。眼看着一学期就要结束了，为了把孩子的成绩提高上去，小李妈再次请教老师。老师说："小李变化很大，这是一个很好的开端。"但小李妈还是不放心孩子的学习成绩，就问道："能快点儿把孩子的成绩提高上去吗？"我们可以理解每个家长对孩子的期望，但学习取得进步需要一定的时间。

在谈到孩子数学作业的时候，小李妈认为应当给孩子布置最简单的习题。但最后商量决定，小李的作业不仅要写刚教的内容，还要写以前教的内容，但后者要交由小李妈批改，然后由小李妈把批改的情况告诉老师。

时间在一天天地过去，小李的知识也在一天天地增长。终于有一天，快临近期末考试的时候，小李突然跟妈妈说道："妈，我开窍了，我觉得数学不难啦！"看着孩子那份发自内心的自信，小李妈悬在心中的那块石头终于落了地，抱着孩子高兴地哭了。

小李的成功表明，每个孩子都是有希望的，关键在于我们千万别忽视了孩子，别伤害了孩子脆弱的心灵。孩子是在被人期待中看到希望的，正如萧伯纳在90岁寿辰时说："要记住，我们的行为不是受经验的影响，而是受期待的影响。"

我认为，家长和老师良好的沟通交流是孩子健康成长的纽带，为了让孩子快乐地学习，家长都在尽力寻找最佳成长方式，包括千方百计地买书、查找资料和请教有经验的人，这是非常伟大的母爱和父爱。

一些家长不重视和老师沟通，是因为他们心里总有这样的想法：孩子都交给老师了，还担心什么呢？即使孩子有问题也是老师的问题，这种想法极有可能耽误发现孩子缺点的最佳时间。

我们来做一个比喻，孩子就像一棵树木的种子，撒在同一片土地上，有的得到合适的阳光和养分，有的则得到很少的养分，而有的则可能连阳光都照射不到，最后的差异当然是显而易见的。老师在面对一个班级的孩子时，对孩子的关注各不相同。在这样的情况下，家长积极和老师沟通，多少会引起老师对孩子的注意，也能及时发现孩子的问题。

孩子上学总有各种各样的问题，有些问题发生在学校里，而有些问题则发生在家里，学校和家庭都是孩子成长的地方。我不敢保证家长和老师沟通就一定能促进孩子学习，但我要说的是，沟通总比不沟通好。就像刚才所说的小李，如果不是家长和老师及时沟通，这个孩子恐怕很难走出学习的阴影，甚至会影响他一生的学习。

孩子上中学之后，有了自己的想法，常常会对老师和功课品头论足，有些孩子因为不喜欢某个老师而讨厌听课，有些孩子因为讨厌某门功课而不喜欢任课老师，常常会出现偏科现象。如果家长不及时联系老师，了解孩子的心理状态，恐怕会耽误孩子的正常学习。

说到底，家长和老师的有效和谐沟通十分重要，它能让孩子变得开朗、自信、聪明，让家长省心、舒心、开心、快乐，也让老师变得轻松、快乐。积极和老师沟通的家长是幸福的，因为他的孩子有被沟通魔杖点中的幸运。

小提示

孩子学习不好就要请家教吗

目前，应试教育催生了各种各样的家教，有补习班、一对一家教、一对多辅导等。只要孩子上学之后，家长就开始忙着为孩子找家教。其实，这是一种非常懒惰的行为，也是一种错误的教育方式。

我个人认为，家长完全没必要给孩子请家教。家长给孩子请家教有这样几个坏处：

第一，使孩子逐渐丧失自主学习能力。学习是孩子自己的事情，我们应当让孩子学会自己学习，自己解决问题，而不是给他找一个家教为他灌输知识，这会使孩子更加懒惰，对家教产生依赖心理。

第二，导致孩子和老师之间关系疏远。家教可以提前给孩子预习新知识，也可以给孩子补习旧知识，许多孩子在请了家教之后，开始上课不听讲，出现走神、讲话、睡觉等现象，因为他们认为家教都会把知识讲一遍，又何必要听课呢？

第三，增加孩子的学习负担。孩子在学校里学习已经很紧张了，家长再给孩子请家教或报补习班，就会使孩子休息的时间更少，容易导致孩子产生逆反心理。

第四，使孩子失去学习兴趣。家教有一个最大特点就是学习重复性，对孩子学过的知识“炒冷饭”，这往往会使孩子更加厌恶学习。

第五，家教是一笔不小的开支，比较浪费钱财。

孩子学习不好，是多种原因造成的，不一定就是没有掌握好知识，也可能是由其他原因造成的，比如孩子的学习方法、学习态度、智力等因素。孩子学习不好，家长就认为孩子没有掌握好知识，于是就给孩子请家教，其负面影响有时也许要大于正面影响。

三、少谈孩子的学习问题

一提到和老师沟通，90%以上的家长都会想到和老师谈孩子的学习问题。有一次，我对几个家长说："除了孩子的学习，你们能不能和老师说说其他话题呢？"结果，家长们立刻反驳道："我们不和老师谈孩子的学习问题，那还和他说什么？"换句话说，家长除了和老师谈孩子的学习问题，就没有其他话题可以聊了。

我能理解家长们的想法，孩子上学阶段最主要的任务是学习，家长和老师理所当然最关心孩子的学习。可以说，孩子的学习问题一直牵动着每一个家长的心，特别是孩子临近大型考试（如小升初考试、中考、高考等）的时候，家长如临大敌，把心悬得老高，全家进入备战状态，生怕孩子考不好。所以说，哪一个家长不关心自己孩子的学习问题呢？再说在还比较重视应试教育的今天，成绩是一个学校的荣誉，老师自然而然会把更多的时间和精力花在学生的学习上，哪个老师敢怠慢呢？

但事实上，这是一个很大的沟通误区。我们可以设想一下，如果在生活中每天都吃一种食物，你会觉得很难吃；如果你每天都做一件相同的事，难免会感到枯燥；如果你每次都只讲同一个话题，那也会很无聊。就像鲁迅小说《祝福》中的祥林嫂，刚开始和人们讲起自己遭遇的时候，还有人会同情她，但后来祥林嫂一直在重复她的故事，结果不但听的人少，连同情她的人都没有了。家长和老师也一样，总讲一个话题难免会使人感到无聊、枯燥，如果只谈论孩子的学习问题，会使双方的神经绷得更紧，甚至出现压抑情绪。你说，这值得吗？

我听一个家长说，自从她儿子上初中之后，自己就成了孩子的保姆。为了能让孩子考上重点高中，她对孩子管得特别严格，隔一天就打电话给老师，向老师了解孩子的学习情况，她不单和班主任通电话，有时也打电话给任课老师。一和老师沟通，围绕孩子的学习，她总有说不完的话，总要求老师帮忙做这个做那个，最后弄得自己每天都很紧张，孩子也没办法安心学习。她这样做已经不是一种沟通了，而是成为一种要求或监视。在老师心目中，她是一个只要求孩子学习好的“冷血动物”，这种做法同样会使孩子感到压抑。

我还见过一些老师，一旦学生的考试成绩没达到他们的要求，就把家长请到学校里谈话。老师和家长沟通时，列出许多提高孩子学习成绩的方法，如要家长监督孩子学习，而家长则要求老师给孩子多布置些作业。后来，孩子不但没有提高成绩，反而对老师和家长都有意见，不爱学习了。

我也碰到过一些遭遇家长和老师双重压力的孩子。我还记得他们曾经写了一些心里话给我，有的孩子写道：“为什么爸爸妈妈不理解我？我在学校里已经受尽老师的'折磨'了，每天都有写不完的作业。”有的孩子写道：“我要的是自由，像小鸟一样自由飞翔，飞到看不见爸爸妈妈的地方，那里没有学校。”还有的孩子写道：“我希望这世界上没有老师，我希望自己是奥特曼，把那些专门针对学生的老师抓走。”孩子的世界总是纯洁的，从他们所写的心里话中，我看到了孩子心灵深处所受的伤害。

家长和老师只关注孩子的学习成绩，多少会给孩子带来伤害，甚至会造成心灵的扭曲。不少孩子会因此而感到闷闷不乐，有一种说不出的压力，使自己生活在恐惧之中。退一步说，如果家长天天将孩子的学习问题唠叨不停，不仅会让孩子觉得不舒服，就连老师也一定会感到厌烦。因此，家长和老师沟通的时候，不要总谈孩子的学习问题。

有的家长经常问起，和老师少谈学习问题，那么谈些什么呢？我们知道，学习是孩子成长中的一项内容，是走好人生之路的一种方式，也是人获得知识的主要途径。孩子的学习成绩不好是有多方面因素的，除个别孩子存在智力缺陷外，也不仅仅在于孩子学习方法有问题、所花时间不够、老师管教不严……因为学习是一个系统工程，涉及各个方面。从这个角度来说，家长和老师只谈学习问题，恐怕有点儿片面。

常常有家长抱怨：“我家孩子挺聪明的，可学习成绩就是上不去。”“出去玩儿的话，他点子很多，可叫他坐下来看书，却坚持不了几分钟。我们都愁死了！”“孩子就是不喜欢学习，整天喜欢抱着电脑，我都急死了！”……

由孩子的学习问题引发出来的话题很多，诸如孩子的学习习惯、学习态度、学习方法、人际交往等，但归根结底还在于家庭教育是否得当。正确的家庭教育能培养独立、爱学习的孩子，而错误的家庭教育或许只能使孩子的成长受到影响。

法国启蒙思想家、哲学家卢梭认为，教育即生长。孩子就像一棵小树苗，生长中需要阳光、空气、水和养料。有了这些最基本的生长条件，还要让他自由地成长，给他足够的成长空间，让孩子学会自己设计人生。家长和老师不可替孩子包办一切，甚至以为了孩子的将来为幌子，拔苗助长，那样即使长大了，也是一棵孱弱的病树，失去了原有的生机。

周国平先生曾这样说过："我想是这样的，一个孩子生长得好，他优秀，以后对付具体的事情是很容易的。我女儿就是这样……我和她妈妈都是爱读书的人，整天就看到我们拿着一本书在看，而且家里面最多的东西是书，有几万册书，满墙都是书。在这样的环境里，很自然地就养成了读书的习惯。养成读书习惯以后，考试也容易了，语文成绩很好。她上的学校是一个很好的学校……一个孩子每周上三个课外班、四个课外班是很普遍的现象，就她一个什么课外班都不上的，但是她的成绩在班上是最好的。这个肯定靠的不是为了应试去做的事情，而是素质教育，素质教育是综合的教育，这个方面好了以后，应试不是难事情。"

一般来说，家长和老师都能发现孩子在学习上出现的问题，但在寻找原因方面却常常只看到表面现象，没有进行深入思考，常常认为孩子学习不好就是因为学习态度不端正、学习方法不对和没有养成良好的学习习惯，而这些原因又是什么造成的呢？难道是孩子天生就有学习能力吗？其实不然，关键是家庭教育方面出了问题。另外，周国平先生还一针见血地指出："家长不要将孩子送去各种培训班，平时多花点时间给孩子以教育上的辅导，比如多培养孩子课外阅读和写作的习惯，让孩子发自内心地爱学习，那么孩子独立的学习能力也就养成了。"

我并不反对家长和老师谈论孩子的学习问题，但应该少谈，家长应该多检讨自己对孩子的教育方式，多和老师商量如何为孩子创造一个良好的成长环境。我期待更多的家长能够循序渐进地教育孩子，一步一个脚印地为孩子提供成长所需的养料，最主要的是通过阅读培养孩子良好的素质，让孩子能发自内心地去学习。一个孩子能独立学习了，家长还忧虑什么呢？

除此以外，家长还可以和老师谈谈孩子的兴趣爱好。兴趣是孩子学习最好的老师，家长和老师帮助孩子挖掘兴趣，往往会使孩子找到难以言喻的自信，从而爱上学习。我记得有个叫小雷的孩子，从小就喜欢画画，而且梦想长大后当一个像达·芬奇一样伟大的画家。可是，小雷上小学六年级之后，他妈妈为了让他专心学习，就把他的绘画课给停了。小雷怎么也想不通他妈妈为什么不让他画画，还因为这件事哭了好几次。无奈之下，小雷妈向老师请教该怎么办，可老师也说六年级的学习特别重要。最后，小雷妈还是十分果断地不让孩子画画。小雷失去了画画时间之后，整天没有心思学习，到最后成绩一落千丈。

这件事告诉我们，家长应该尊重孩子，别用成人的眼光，别粗暴干预孩子的兴趣爱好，那样反而会毁了孩子的前途。

其实，家长和老师可谈的话题有很多。只要双方心中有孩子，都想把他培养好，便一定能够找到共同的话题。有时，可以谈谈孩子的小进步；有时，可以谈谈孩子的细微变化；有时，可以谈谈孩子的趣事；有时，可以谈谈孩子的未来。只要你想到了，谈对了，那么一定会促进孩子的健康成长。

当然，现在社会变化很快，孩子常常面临各种压力和情绪问题，这需要家长和老师及时留意观察，孩子的心理变化也应该成为家长和老师谈论的话题。

我想，每一个清醒的家长都应该认真反思一下自己和老师的沟通经历，多从源头思考，至于孩子的学习问题，其实只是沟通内容的一小部分。

小提示　怎样处理孩子的学习和兴趣爱好之间的关系

在很多家长看来，孩子的学习与兴趣爱好犹如鱼和熊掌，二者不可兼得。孩子要成就美好的未来，那必须先读好书，否则一切兴趣爱好都是空谈。所以，家长要正确处理好孩子学习和兴趣爱好之间的关系。

第一，家长鼓励孩子发展兴趣爱好。孩子有兴趣爱好是好事，家长应予以支持和鼓励，尽量开阔孩子的眼界，扩大知识领域，提高学习兴趣。

第二，以兴趣爱好促进孩子主动学习。孩子的兴趣爱好不一定是功课以外的东西，他有时也会对某一门功课产生兴趣，这必将对他的学习产生巨大的动力。

第三，家长既不能把自己希望的兴趣爱好强加给孩子，也不能对孩子太过放纵。孩子在未成年之前，还没有形成较强的自我约束能力，需要家长的帮助和指导。但切忌让孩子参加太多的兴趣班，否则可能会使孩子对学习产生厌烦心理。

四、沟通就是帮助孩子快乐成长

家长都知道，培养教育孩子是一个非常漫长而艰辛的过程，需要付出大量心血。家长不但给孩子提供吃的、穿的、用的，还要给孩子提供精神上的养料。在这个过程中，家长还要不时地找老师沟通，一起解决孩子成长中的问题。

社会上有句流行语，叫“别让孩子输在起跑线上”。因为这句话，很多家长纷纷给孩子增加学习压力。可我想说的是，千万别让孩子的幸福快乐输在起跑线上。

也许有人会立刻反驳我的观点，明明是成绩重要，如果孩子成绩不好，老师要孤立孩子，家长要批评孩子，同学要嘲笑孩子，哪儿来的幸福快乐可言呢?

这样的说法似乎很有道理，可如果仔细一想，我们会发现成绩只是一时的，幸福快乐则是孩子一辈子的事情。即使学习输在了起跑线上，将来还可以补救，但如果孩子的幸福快乐失去了，不管将来怎样拼命寻找，都难以真正找到。

退一步说，如果孩子的幸福快乐是建立在学习成绩和别人的认可上的，那只是一种被刺激和被逼迫的交换式的幸福快乐。再说，这样的幸福快乐并不能持久，因为它需要借助外力的作用。

学习不应当是孩子成长中的绊脚石，而应当是孩子成长中幸福快乐的源泉。家长和老师沟通不为别的，而是为了发现问题，寻求解决问题的最佳方案，帮助孩子快乐成长。

几年前，我认识一个家长，她的孩子刚上初二，令她头疼的是孩子与老师之间存在矛盾。

由于工作的原因，我们把孩子从乡村的学校转到城里的学校。孩子刚进校园，我们都感到非常高兴，因为孩子好不容易进了当地最好的学校。可我们怎么也想不到，孩子居然经常和老师闹情绪。老师上课的时候，发现孩子在底下看漫画书，就一把拿走了他的书。孩子很生气，扭头就走出教室。这件事我是后来才知道的。据孩子反映，老师为了提高孩子们的学习成绩，经常霸占他们的体育课、音乐课和自修课。于是，班级里有好几个孩子对老师的做法很反感，有几个胆大的孩子就直接跟老师作对，我的孩子也跟在后面起哄。孩子回到家的时候，嘴里总挂着这样一句话：“妈，为什么老师不理解我？”我劝过孩子，也找过老师，但孩子依然我行我素。因此，我非常担心，不知道该怎么调整孩子的心态。

当我听到这里的时候，心里纳闷：为什么大人总要束缚孩子的手脚呢？在当下，这个家长所说的问题比较典型。家长知道孩子学习很辛苦，很同情孩子的处境，可为了孩子的前途，家长又经常教育孩子要尊重老师，配合老师的工作。尽管这种做法看似合理，但从孩子成长的角度来说，这种做法是对孩子的压迫。有一个初二的学生曾和我聊起学习的事情，她很不服气地说："为什么家长要联合老师压迫我们呢？"我听得出她内心的气愤，因为她的家长天天督促她学习，她的老师也是如此，她几乎被压得喘不过气来。

在生活中，家长和老师都希望孩子能够成为优秀的人才。为了实现这一点，他们大都把未来的幸福快乐作为学习目标，要求孩子为之奋斗。比如，有不少家长告诉孩子："只要你考上重点高中，你的快乐人生就实现了一半；只要你考上重点大学，你将来的生活就不用发愁了。"所以在这种情况下，家长常将孩子童年的幸福快乐冷冻起来。殊不知，很多孩子在实现了目标之后，才发现自己已经变得忧郁和敏感，有些孩子甚至还因此患上了心理疾病。

遇到这种情况，家长多和老师联系是必要的，可以谈谈孩子的性格、情绪、品行和孩子的想法。我们别小看这些因素，孩子的叛逆、不听话，大多是由这些因素引起的，让老师了解这些因素，以便老师在教育孩子时对症下药。

著名教育家李希贵说："其实，教育的本质是解放人——包括解放人的智力和心灵、思维和情感，而不是束缚人、压抑人、限制人。"尊重孩子的成长规律，捍卫孩子的生命权利，是家长和老师义不容辞的责任。当孩子发出"为什么老师不理解我"的呼声时，家长和老师都应该反思一下自己的行为，看看自己的行为是否对孩子的成长造成了不良的影响。

孩子在生活中不快乐的事情还有很多，比如受同学欺负、被人误解、被老师批评、学习成绩不好、得不到希望得到的东西……每当孩子出现消极情绪时，家长首先要接纳孩子的消极情绪，疏导孩子的心理。如果家长自己能够解决，那么可以不用找老师沟通；但如果情况严重，那么家长可以向老师请教方法。

作为家长，应当成为孩子幸福快乐的捍卫者。良好的沟通可以给孩子自尊、自信，令其自强，树立坚定的信念，产生无穷的动力，对未来充满无限的憧憬和希望；而不恰当的沟通却会给孩子以致命打击，使其丧失自尊、自信，灰心丧气，破罐子破摔，极端的甚至会使孩子丧失生存的勇气和希望，最后放弃生命。

沟通不是向孩子泼冷水，更不是给孩子施加压力。我们必须明确的是，沟通的前提是让孩子获得快乐，而不是让孩子感到郁闷。家长和老师沟通时，应当有一种默契，对孩子要以鼓励为主，挖掘孩子的潜力，这就是良好的沟通能够激发孩子的学习兴趣的原因。即使孩子学习成绩、行为表现不佳，我们也不能因此就否定孩子，而是要以平常心看待孩子，肯定孩子的优点。

另外，让孩子幸福快乐成长既是沟通的起点，又是沟通的终点。家长在和老师沟通时，不能违背这个原则。如果家长不把这个当作与老师沟通的原则，就有可能会伤害孩子，贻误孩子的成长。沟通要顾及孩子的心理感受。家长经常要求老师对孩子严格一点儿，甚至严厉一点儿，看似在为孩子好，但实际上没有顾及孩子的心理感受，同样会给孩子造成伤害。多关注孩子的精神需求。有人说，孩子还小，只要有充足的物质就可以了。但这只是其中的一方面，孩子同样有精神需求，需要家长精心引导。在生活中，家长可以多陪伴孩子阅读书籍、欣赏音乐、看电影、亲近大自然……这些都会使孩子感到快乐。

无论家长以什么样的方式和老师沟通，帮助孩子健康快乐成长的原则绝对不能丢，因为这样可以防止家长和老师的沟通损害孩子的身心健康。

小提示

家校沟通的目的

在信息时代，家校沟通的方式日趋多样化、个性化，但其目的依然没有变，即解决孩子成长中的问题，关注孩子是家校沟通永恒的主题。作为家长，应多关心孩子的在校表现，比如和孩子聊聊学校的生活、老师、同学，谈谈孩子是否适应校园生活，内心是否快乐等。如果孩子在学习上出现困难，家长应向老师及时了解情况，有针对性地给予解决。特别是寄宿的孩子，家长与老师的沟通更应该频繁一些，需要关注的是孩子与同学的关系、孩子的寄宿生活、孩子对老师的看法等，这些是了解孩子存在问题的突破口。

五、莫让老师特别关注孩子

有一个叫小宇的男孩，刚上小学五年级，人很聪明，既懂事又懂礼貌，是一个人见人爱的孩子，他不仅是父母的骄傲，也是老师眼中的优秀孩子。孩子成了老师的重点培养对象，凡是有什么比赛之类，老师都会让他参加。有一学期，省里有一个青少年书法比赛，老师给他报了名。经过几个月的魔鬼训练，小宇终于在省比赛中得了二等奖。

老师考虑到小宇是一个非常优秀的孩子，又给小宇报了全国绘画比赛，让小宇去参加油画组比赛，可小宇一点儿都不喜欢画画，一听说这个消息，他郁闷了好几天，但又不好意思拒绝老师。

于是，小宇既没心思去学画，又担心自己获不了奖。虽然他得过很多大奖，但他对比赛越来越感到厌烦和恐惧。小宇妈为了使他顺利参加比赛，还以老师的口吻鼓励他好好学画。

眼看着比赛时间越来越近，小宇更加紧张起来。在比赛前几天，小宇请假去学画，还因为比赛失眠了好几个晚上。

这次比赛，小宇什么奖项都没拿到，这让老师和父母非常失望，他妈还闷闷不乐地说了一句“白费心思”。事情的严重性还在后头，小宇因为比赛失利，变化很大，变得寡言少语，每天去学校总感觉有一种无形的压力，最怕见到老师和同学，怕在他们面前抬不起头。

生活中像小宇这样的孩子还有很多。有些时候，老师和家长在教育孩子方面都有一定的盲目性。在不少老师眼里，只要孩子成绩好，就意味着什么都优秀，什么比赛、活动都有孩子的份；而在家长看来，孩子得到老师重视，自然是非常开心的事情，所以只要老师要求孩子做的事情，家长基本上都支持。实际上，这已经给孩子造成了压力，而这压力又不是一个小孩子所能承受的。

我们可以看到，那些受老师特别关注的孩子，心理都特别敏感脆弱，原因就在于老师的关注极有可能演变成一种溺爱。当老师的关注成为溺爱的时候，对孩子的伤害最大，使很多孩子生活在保护中，生活在老师所营造好的“温室”里，经不起挫折和失败。

其实，孩子被老师特别关注是一把双刃剑，需要家长多角度看待这个问题。如果家长发现自己的孩子得到老师特别关注，首先要感谢老师，感谢老师对孩子的关注，这是礼貌问题。可如果老师的重视给孩子带来了心理压力，或给孩子造成了伤害，那么家长就应该及时和老师沟通，谈谈自己的看法。

一般情况下，老师总有千万个理由认为重视孩子是孩子的福气，但很可能因为这个原因而忽视了孩子的成长规律。在这个问题上，家长应该有足够的勇气向老师提出自己的看法，还可以帮助老师认识到自己的错误所在。

父母要善于保护孩子，也让孩子学会自我保护。值得一提的是，如果异性老师对孩子特别关注，比如一个男老师特别关注女孩，一个女老师特别关注男孩，还有可能发生超越正常伦理关系的事情，影响孩子成长。父母要让孩子能够明辨是非，懂得如何恰当处理人际关系。当老师的特别关注极有可能演变成一种奢求、溺爱的时候，那么家长应该告诉孩子如何恰当地拒绝老师的行为，最常见的方法当然是和老师保持一定的距离。

最后，父母应多与孩子平等交流，帮助孩子认识到老师的重视只是一种鼓励，即使得不到老师的特别关注，也别太在意，因为最重要的是靠自己努力。

小提示

老师特别关注孩子也是溺爱

老师能够关注孩子的成长，原本是好事情，但如果老师特别关注孩子，经常表扬孩子，经常让孩子参加各类比赛，这同样是一种溺爱，无形之中给孩子增加了压力。当老师的关注程度超出了孩子的承受能力，那么这种重视是相当有害的，不利于孩子的成长。如果家长发现自己的孩子得到老师的特别关注，对于这种情况，家长要进行理智分析，根据孩子的实际情况与老师沟通，把表现和荣誉看得轻一些，让孩子生活得轻松一些。

六、当孩子被同学孤立时

一天中午放学回家，小雯闷闷不乐地问妈妈：“妈妈，我是好孩子吗？”妈妈不知道小雯为什么这么说，连忙安慰她说：“傻孩子，你在学校表现那么好，纪律、成绩、劳动都拿100分，当然是好孩子了。”小雯犹豫了一下又问：“那我怎样才能成为老师眼中的好孩子呢？”妈妈被这个问题问住了，看着小雯心事重重的样子，她连忙放下手中的家务仔细询问小雯发生了什么事。

原来，小雯被同学孤立了。在昨天下午的自修课上，老师当众宣布：“谁是好孩子，我就让谁管理班级纪律。”全班鸦雀无声，只有班长小雯站了起来，可老师没有选她，而是点名要一个学习成绩一般的男生担任了纪律委员。虽然小雯心里有点儿不舒服，但也没当回事，可让她意想不到的是，班级里的许多同学开始在背后议论纷纷，说小雯根本不是老师眼中的好孩子，他们甚至开始孤立小雯，下课之后都不跟她一起玩儿。

小雯很不理解同学为什么要这样对待她，甚至怀疑老师也在冷落她，故意让她变成班级里的“坏孩子”。

妈妈听后吃了一惊，假如孩子长期被孤立，势必会影响她的心理健康，至于选举纪律委员的事情，老师肯定有自己的考虑，未必是针对小雯。下午，妈妈往学校打了一个电话，将小雯的情况告诉了班主任，班主任很重视这件事，答应会尽快帮助小雯解决。

孩子在学校被同学孤立有很多原因，像小雯这样因为老师态度表达不当而被同学孤立，可以说是其中常见的状况之一。家长要相信老师无论何时都会把学生的利益放在第一位，但老师有时候也可能会忽视或者误会个别孩子，进而使班级同学孤立这个孩子。

另外，每个孩子都有自己的个性特征，有些性格相对内向敏感的孩子，会很在意老师和同学对他的评价，甚至会猜疑、曲解别人的话，造成人际关系紧张。还有一些成绩不佳、脾气暴躁、行为习惯差的孩子，有可能被老师贴上“坏孩子”的标签，并容易引起班上的同学对他们产生不良的印象。

搞清楚孩子被孤立的原因之后，家长需要做一个有心人，准确把握孩子的个性特征、缺点和存在的问题，然后把这些情况及时与老师沟通，以便引起老师的关注。对于那些敏感多疑或者缺乏交际能力的孩子，家长要特别教导孩子正确表达自己的愿望，告诉孩子如何寻找玩伴，如何客观看待别人对自己的评价，帮助孩子掌握与人交往的方法。

家长还可以积极参加一些学校组织的活动，比如亲子活动、开放日和家长会等，也可以主动邀请孩子的同学到自己家来做客，帮助孩子寻找被同学孤立的原因和解决问题的方法。与此同时，家长还应该与老师多沟通。因为老师毕竟是最了解学生在校情况的人，家长和老师联合起来，对症下药，能够取得更好的效果。尤其是当孩子被同学孤立是因为老师在一些事情上采取了不恰当的处理方法时，家长就更应该主动找老师沟通，商量帮助孩子摆脱被孤立局面的对策，避免孩子受到更大的伤害。

小提示

多关注孩子的“第一次”

每个孩子长大成人要经历许许多多的“第一次”，如第一次走路、第一次说话、第一次扫地、第一次上学……很多时候，他们对“第一次”既充满期待又感到迷茫，而第一次经历是否顺利和成功，则会影响他的生活态度，例如孩子在第一次上学时，遇到很凶的老师或找不到同伴，他就会对上学产生一种恐惧感。

因此，我们在对待孩子的“第一次”时，首先，要能预知孩子的能力——他在“第一次”能达到怎样的程度，家长的期望值不能脱离孩子的实际情况。

其次，鼓励孩子勇敢地进行“第一次”活动。在保障孩子安全的前提下，允许孩子自由探索，别给孩子设置太多的规矩，否则会束缚孩子的手脚。

再次，家长可以适当示范，以引导为主，让孩子自己慢慢养成独立思考并解决问题的能力。

最后，给予孩子分享“第一次”成果的机会。很多孩子都很在意自己“第一次”的成功，很想与人分享，所以家长不能粗暴制止，也不能用“这有什么了不起”“跟人家比差远了”“表现一般了”等话刺激孩子，这样会束缚孩子继续探索的欲望。比较合适的做法是，用简短的话鼓励孩子，比如“你真棒”“太好了”“加油”等。

七、绝不诱导孩子告密

宁宁上二年级的时候当上了班长，成了老师的“小助手”，还被老师委以重任——暗中观察同学的违纪行为并及时向老师汇报。因为有老师的支持，宁宁做得非常出色，只要发现同学有上课做小动作、说脏话、打架、抄作业之类的“坏行为”，他都会在第一时间如实地报告给老师。

可宁宁怎么也没有想到，很多同学在背后骂他是“告密者”，有的同学还在日记里埋怨宁宁，甚至当宁宁去老师办公室时，同学会在后面公开地喊：“又告状去了……”多次受到刺激之后，宁宁回家向妈妈诉苦：“我再也不想当班长了！”

宁宁妈看到儿子沮丧的神情，一边安慰他一边仔细询问事情的原委。弄清楚事情的来龙去脉之后，宁宁妈的第一反应就是想去找老师沟通。

第二天，宁宁妈亲自去学校找班主任，尽量心平气和地说：“老师，我们家宁宁最近心情很不好，有些同学说他是‘小特务’。”老师笑着说："宁宁做事我很放心，至于同学在背后的议论，我发现了会批评的，这一点请你放心。"宁宁妈依然有些担心："我知道老师的本意是为了管理好班级，但如果班里打小报告成风，每个同学都生活在相互猜疑和防范之中，孩子们的学校生活能快乐吗？"可老师一再强调，这是工作的需要，宁宁妈说不过老师，又不想让宁宁受伤害，不由得陷入了两难的境地。

当前，老师培养班干部作为自己的"耳目"，是一种比较普遍的现象。班干部会随时向老师报告班级的情况，他们也同时受到其他同学的监督，这样一来，整个班级的同学顾忌到"谁都有可能被举报"，就会约束自己的行为，这样老师的管理工作就变得相对轻松了。与此同时，那些帮助老师的班干部会得到老师更多的嘉许和赞赏，被老师树立为优秀典型，但这样很容易影响孩子的心理健康。

老师安插"耳目"是为了及时掌握班级的情况，管理好班级，但老师有时低估了这种事对孩子造成的影响，而这种影响往往是无形而缓慢的。

当家长发现孩子在帮助老师监督班级时，应立即跟老师谈一谈自己的看法。在这个过程中，家长应坚持自己的观点，明确地告诉老师，这样的做法不利于孩子的健康成长，还会使同学间彼此不信任。

如果老师一再坚持自己的做法，双方谈话的空间比较小，家长要注意尽量避免与老师发生争执，可以将孩子内心的想法和表现如实地告诉老师，以便引起老师的重视。

老师诱导孩子打小报告不是一种好的教育方式，家长需要对孩子及时加以引导，帮助孩子正确看待这个问题。家长要非常坚定地告诉孩子："打小报告不是好孩子，不仅得不到同学的信任，还可能被人误解。假如你被其他同学打了小报告，你会怎么想？"家长可以和孩子一起展开讨论，采取其他方式帮助老师管理班级，维持班级的良好纪律。

小提示

怎样识别孩子是"告密者"

孩子成为老师的"耳目"，这本身就不好，但如何识别孩子是否是一个"告密者"呢？

第一条途径是孩子本人，这里有一个前提很重要，那就是亲子关系融洽，孩子与家长能够平等沟通，孩子很愿意把自己的事情告诉家长。在这个前提下，家长可以通过与孩子聊天的方式了解孩子是否是"告密者"。

第二条途径是孩子的同学，家长可以从孩子的同学那里了解自己孩子的表现。

第三条途径是直接从老师那里获取信息，这种方式最为直接。

第六章 请老师把问题告诉家长

孩子在学校的表现怎样，这是每个家长都关心的问题。当孩子在学校里出现对老师表示不满、同伴关系紧张等问题时，老师应该如实地把情况告诉家长，这样既能消除家长对老师的误解，又能及时地引导孩子排除消极情绪。

一、老师最希望家长做什么

在生活中，有些家长可能会这样认为：教育孩子是老师的事情。我们把孩子送进学校，这责任就是老师的了。可实际上，在家校合作过程中，家长与老师之间的界限一直非常模糊，彼此分不清哪些事情是老师的责任，哪些事情又是家长的责任。

有不少家长经常叹气说，现在的家长越来越不好当，既要做孩子的保姆，又要当孩子的老师，还要工作。很多家长白天上班，晚上还要给孩子批改作业，有些家长干脆把孩子扔到家教中心，让辅导老师给孩子批改作业。

王女士有一个非常乖巧的女儿，每天都能及时完成作业，但王女士每天都要给孩子检查作业并签字，还要检查孩子背诵、朗读、默写等作业。如果默写没有过关，王女士还要继续监督孩子默写，直到孩子全对为止。这些作业完成后，王女士还要将女儿完成的任务晒在微信群里或微信朋友圈中，简直令人崩溃。

孩子上五年级之后，王女士觉得没有必要天天盯着孩子不放，这不仅让孩子累，而且使家长更累。最烦人的或许是老师布置了手工作业，还要家长陪着一起做，并大晚上地跑去打印，或找地方买材料，全家人都围着孩子转，又重新进入了“学习状态”。

其实，家庭与学校都非常重要，这两者是孩子成长的共同体。尽管如此，但彼此的界限依然需要分清。有专家认为，家长批改作业、家长辅导功课、家长陪伴孩子学习……这是家庭教育职责上的僭越，教师的教育教学领域的专业教育活动不能向家长转移。学校教育与家庭教育是有界限的，家庭教育不应该承担学科教育的责任。同样，现在的学校教师既要负责教学、学生在校期间安全、健康等，又要管学生的校外表现及家庭教育，这是学校教育职责上的僭越。

很多家长曾向我咨询：老师最希望家长做什么？我就这个问题，跟不少老师讨论过，比较一致的看法是期望家长能为孩子的成长营造一个宽松自由的环境，做一个能为孩子带来温暖、爱和安全感的家长。

具体来说，老师最希望家长能够善于观察孩子的情绪变化，能与孩子一起分担忧愁、恐惧和委屈等消极情绪，也能与孩子一起分享快乐、勇敢、自信等积极情绪。现在家长常常感觉亲子关系紧张，有一个重要原因是家长没有站在孩子的角度思考问题。例如家有小学生的家长，平时应多与孩子谈谈心，多了解孩子与同学的相处情况，多了解老师的教育方式。

随着生活节奏的加快，很多家长由于忙于工作，可能没有多少时间照顾孩子的生活，只好让孩子匆匆忙忙地吃完早餐，有些孩子还带早餐进校门，因此，老师最希望家长能让孩子在家从容地吃完早餐再去上学。特别是小学阶段的孩子，家长更需要保证孩子的饮食质量，多关注孩子的饮食健康。

另外，有些孩子由于时间观念不强，写作业拖拉，还出现了熬夜现象，所以，老师希望能跟家长一起培养孩子的时间管理能力，使孩子能够独立学习，有一个充足的睡眠时间。家长可以教给孩子整理东西的方法，例如整理床铺、收拾餐具、摆放物品等。孩子在生活中爱整理，能增强其在学校里的自理能力，不会把东西弄得乱糟糟。

老师还希望家长鼓励孩子阅读，最好能与孩子一起阅读。阅读不仅可以增长知识，还能增进亲子感情。同时，家长要善于发现孩子的兴趣爱好，培养孩子的某种特长。

老师也希望家长能够了解他们，理解他们的工作。家长可以向老师询问电话、电子邮件、QQ等联系方式，尽量多与老师沟通，多参与学校的活动。在欧美一些国家，学校鼓励家长参与学校活动，例如做义工、整理图书馆、监督营养午餐等。其实，家校沟通时出现的矛盾，大都是因为彼此没有相互了解，使得有些家长或老师喜欢挑毛病。

小提示

和老师交朋友应注意什么

家长把老师看作朋友，这是值得肯定的事情，但要注意一些细节问题。

交朋友贵在诚心诚意，最忌讳虚情假意，更不可用金钱或礼物收买他人。家长应该把孩子的真实情况告诉老师，不隐瞒孩子的缺点、错误、坏习惯等。

家长和老师可以是协作关系，可以联合教育好孩子，但不能联合起来用强硬或暴力的方式教训孩子。

家长和老师在彼此坦诚的情况下，也要保护对方的隐私。

二、孩子当面骂老师

有一段时间，明明妈特别恼火，她打电话跟我说：“老师，我的孩子今天上课骂了老师，结果被老师赶回了家。眼看着时间一天天过去，学校老师始终没打电话过来叫他回学校上课，我该怎么办呢？”原来她读小学四年级的儿子居然在课堂上当面顶撞老师，还骂老师不是人。我听后，吃了一惊，真想不通现在的孩子到底怎么了。像明明那样性格内向的乖孩子竟会当面骂老师？为了探个究竟，我亲自去了一趟明明家。

那是一个周五下午，明明也在家里。我走进明明家时，他妈妈过来迎接我，但明明却在书房里不愿意出来。我知道，这个孩子心里肯定有想法。

当明明妈再三催他出来的时候，只听房间里传出一阵摔东西的声音，接着明明愤愤地说：“我很烦啊！”我的心一惊，为这个孩子感到担忧。

后来，我带着试探的心理走进了明明的房间，他正一个人趴在书桌前，看着桌上的金鱼，刚才因为烦恼把桌上的书摔在了地上。我看得出来，他的内心很矛盾，似乎有千万个头绪理不清。

为了接近明明，我跟他聊起桌上的金鱼，我说："你看，这个鱼缸里的金鱼多么可爱，它们的生活世界虽然非常狭小，但它们有着大海一样的胸怀，不以物喜，也不以己悲，生活得有滋有味。"

"老师，您错了！"明明终于开口说话了，他又说，"有些人虽然生活在广阔的世界里，却只有沙粒般大小的心胸。"

"你说的是？能否举个例子。"我知道他有很多心里话想说，便又问了一句。

"比如学校里的老师……"听明明说，他那天顶撞老师是有理由的。那天上午的数学课上，明明周围的几个同学正好在闲聊，于是明明也跟着聊了几句。结果，数学老师发现之后，就让明明站起来，批评明明上课捣乱，不遵守课堂纪律。明明觉得老师在冤枉他，就说了一句："老师，我没讲话啊！"当时，老师一肚子火，就指着明明大声批评，明明心里不服气，小声骂了一句"老师不是人"。后来，数学老师当着全班同学的面把明明推出了教室。此后，班主任以回家反思为由，让明明停课回家。

事情虽然很简单，但却留给我们很多思考。首先，我们要清楚明明上课讲话影响课堂纪律的确不对。其次，数学老师没有弄清楚事情缘由就直接批评学生，也是一种不可取的做法。一般来说，学生当面顶撞老师总是有原因的，大都是学生对老师的做法表示不满，这是一种最为原始的本能抗议。最后，老师因为学生顶撞自己而让学生停课回家，是一种粗暴的行为，这种做法很难让学生理解，更容易伤害孩子的自尊心。

一般来说，孩子不是不懂得道理，不讲道理，而是没有为自己辩解的机会。当孩子遭遇大人误解的时候，大人总以居高临下的态度粗暴地制止孩子说出理由，所以孩子有时只能以说脏话、还手等方式回击大人。

意大利著名教育家蒙台梭利认为，孩子和成人是两个截然不同的个体。成人在教育孩子的过程中，必须重新认识孩子，发现孩子存在的价值。

我们要知道，每个孩子都有很强的自尊心，他们对大人的批评非常在意。很多孩子有时因为大人一句批评的话而火冒三丈，甚至以不吃饭来抗争。大人看到这种情况，往往会说："又耍孩子气了？"

孩子是感性的，他们往往依靠自己的直觉判断是非。孩子也会生气，有些孩子生起气来可厉害了，他们还会骂人。我见过一个8岁左右的孩子因为和一个小伙伴发生争吵，结果破口大骂，脏话连篇。

有时，孩子骂人多半是出于发泄怨恨、对尊严的自我保护或是暂时性的理屈词穷的抗议。由于孩子自身语言不够发达，加上吵架带来的一时紧张，他们往往会选择骂人这一简单的应对方式。

当然，孩子的骂人行为也是受周围环境影响的。因为孩子自身尚未真正形成价值判断能力，他们的思想行为往往很容易受到环境的影响。

孩子毕竟是孩子，他们也有自己的世界。美国心理学家和脏话专家迪蒙瑟·杰说："咒骂是人类的原始本能……因为咒骂能让我们的脑子自由。"科学证明，骂人或说脏话是人类最原始的本能，这一本能也被固定在人的神经结构中，人类总会使用一些不雅的词汇。美国神经学家亚当·安德森和伊丽莎白·菲尔普斯通过研究认为，当人脑上层区域不再能够抑制住额叶系统中的情感阻塞时，人往往就会说脏话。

日常生活中，很多大人往往因为孩子骂人或说脏话产生了一个错误的想法，那就是一定要以教训的手段禁止孩子骂人或说脏话。我想，这恰恰是一种过度严厉的教育方式。其原因在于：一是骂人或说脏话在一定程度上是孩子健康的表现，是孩子内心最真实的独白；二是孩子的心灵还没有真正成长起来，过于严厉的教育方式只会伤害孩子的心灵，可能会使孩子的思想行为走向另一个极端。

孩子在受到老师批评之后，如果将情绪积压在心里，那是非常危险的事情，很有可能使孩子患上心理疾病。有个叫亮亮的孩子因为经不起老师的严厉批评而生了一场大病。亮亮是三年级某班的班长，一天在上体育课时，因为擅自跑到学校外面玩儿，结果被老师发现，受到老师的批评，当晚就出现了胸闷、气短、不想吃饭等症状，家长带他去医院就诊，医生怀疑他得了心肌炎，住院检查一个月，却一无所获，但症状却有明显好转。就在出院的时候，亮亮的双腿又不能站立了。家长再次带他去做检查，医生判断他得的是一种由精神因素引起的疾病——癔症。

心理学家认为，孩子通过患病得到益处，虽然身体上患了疾病，但被压抑的本能意愿却得到一定的满足，减少了他的心理焦虑，患病还能得到所爱的人的关注和同情，并且可以逃避或躲开某些困难的情境或任务。亮亮被老师批评后，可能有各种各样的情绪出现，包括愤怒、羞愧、尴尬、不满等，但他无法表达和宣泄自己的情绪，因此，当晚出现的一系列症状可以解释为抑郁的表现。住院后，使他暂时回避了他不愿面对的困境，就在出院的时候，双腿又不能站立了，可能是因为他还不愿面对现实。

亮亮的情况刚好与明明的情况相反，其结果当然不一样。明明通过骂人宣泄了自己被压抑的情绪，而亮亮则把心中的不满隐藏起来，结果出现了癔症。既然如此，我们又该如何看待孩子的说脏话行为呢？我在做老师的时候，也遇到过学生当面顶撞老师的事情。当时，稍微严格一点儿的老师会在课堂上批评学生，但学生却要与老师对着干，不仅骂老师，有的学生甚至直接打老师。当事情真的发生时，家长要做的就是心平气和地和孩子进行沟通，找出事情发生的原因，而不能因为孩子顶撞老师就批评孩子、打骂孩子，这些做法只会使孩子产生仇恨心理，根本解决不了问题。

人非圣贤，都有犯错的时候，重要的是我们要有勇气承认错误。在家长与孩子进行有效沟通之后，可以联系老师，跟老师说说自己的想法。如果真的是孩子不对，那么应该让孩子立即向老师道歉；如果是老师错了，那就应该和老师沟通一下自己的想法，并且把孩子的性格特点及时告诉老师，以免以后再出现类似的情况。在这种情况下，老师也应该有勇气道歉，比如，当面向孩子说声“对不起”。这并不是在为难老师，而是在真正树立老师在孩子心目中的美好形象。

最后，我们要反思一下传统的教育方式，不能单纯地靠粗暴的手段降伏孩子，重要的是能够与孩子多沟通，讲道理，为孩子营造一个轻松、快乐、幸福的环境，避免让孩子说脏话。一个良好的教育环境，一定会成就一个文明懂事的孩子。

小提示

孩子和老师有冲突怎么办

当孩子和老师发生冲突之后，许多家长都不知道该怎么办，怕处理不好，得罪了老师，又伤害了孩子。那么，我们又该怎么办呢？我的建议是：

首先，家长要冷静，要了解孩子和老师发生冲突的原因。无论错在老师还是错在孩子，都要针对具体情节进行理性分析，就事论事，不要掺杂感情因素。最忌讳的就是偏听偏信，从而错失教育孩子的最佳机会。

其次，家长要多理解孩子，给孩子发泄情绪的机会。孩子和老师发生冲突之后，会有各种情绪需要发泄，这时，切忌在孩子面前数落老师的不是，否则会使师生关系更加恶化。

再次，家长要多听听孩子对事情的处理办法。我们要让孩子反省自己的言行是否妥当，这是一次自我教育的好时机。可以让孩子把同学和自己的表现比较一下，多从自己身上找原因、找不足，这样孩子就能自然而然地知道自己遭受“不公正”待遇的原因。通过这样的方法对待孩子的“申诉”，有助于消除孩子对老师的不满，又可以培养他严于律己，宽以待人的好品质。

最后，家长要及时和老师沟通。先要感谢老师对孩子的关心、用心良苦，然后和老师谈一下孩子的习惯和性格，让老师对孩子有所了解，可以采取孩子能够接受的方式教育孩子。

三、孩子被老师搜身

其实，孩子也有自尊和人格，他们也渴望大人尊重他们。而在现实中，大人却往往因为自己大权在握而忽视了孩子的心理感受。有个朋友的孩子在读小学四年级，有一次，她跟我聊起老师搜身的事情，她先这样问我："老师，您觉得大人对孩子搜身对不对啊？"

那个孩子很机灵，只见她噘着小嘴，盼望着我回答。我一时真不知道该怎么回答她的问题，只好模糊地对她说："你说对不对呢？"

"我觉得大人对我们搜身是不对的！"只见她一本正经地又说道，"星期三的时候，班主任对我们同学进行了搜身，我感到很气愤。"

听那个孩子说，当时她班上有一个同学丢了100多元钱，却始终找不到。后来，那个同学哭着把丢钱的事情告诉了老师。老师一来到教室就询问同学有没有捡到钱，但没有一个同学说"知道"。

当时老师有点儿生气，就让全班同学站起来，从孩子身上一个一个地搜查过去。因为当时是冬天，孩子穿的衣服比较多，老师还将手伸到孩子里面的衣服进行检查，连鞋子和书包也要拿出来查看。结果，一些胆小的孩子被吓得说不出话来，班上有3个女生还被吓得哭了起来。

大约过了半小时，依然不见钱的影子，老师告诉全班同学不许将搜身的事情说出去，只说让偷钱的同学早点儿主动承认错误。因为老师的这句话，班上的孩子大都选择了沉默，估计很多家长至今都不知道搜身这件事。

当那个孩子向我讲述了这件事情之后，我思绪万千，真为现在的孩子感到担忧。说真的，大人（包括老师）是没有权利对孩子搜身的，这是一种侵犯人身权的行为，对孩子心理造成的伤害是难以估量的。如果我们不及时顾及孩子的心理，再像老师那样教训孩子，说些早已过时的话，只会使孩子更加孤独痛苦。在这时，孩子为了保护自己，往往选择以沉默的方式进行反抗，对大人的话无动于衷，进而对老师产生恐惧和厌恶情绪。

如果孩子发生了被搜身的事情，家长首先要做的就是理解孩子，从孩子的角度安慰他。然后，家长应及时向老师咨询情况，反映孩子被搜身后的心理。当孩子遭遇老师搜身的时候，不管老师的理由有多充足，每个家长都应当站在孩子的立场上，减少搜身对孩子幼小心灵造成的伤害。

然而，现实中很多家长对孩子被老师搜身往往睁一只眼，闭一只眼，爱管不管的。之所以出现这样的情况，一是因为家长对老师过于信任，他们往往认为凡是老师的做法都是有道理的。殊不知，一些老师的行为也会伤害孩子，比如恐吓、侮辱、打骂、体罚、搜身等，对孩子造成的负面影响是非常大的，可能会影响孩子的一生。二是都将错误算在孩子头上，对孩子极其不信任。有些时候，孩子往往被大人冤枉，却无处申冤，只能将这种冤枉转化为仇恨，这会给孩子的心灵造成更大的创伤。三是有些大人也不知道搜身是违法的。很多家长由于自身法律意识淡薄，也常常对孩子进行搜身，所以对老师的搜身行为也就不足为奇了。

诚然，一个正常的孩子都会有自尊意识，都会意识到自己的人格和尊严。一般情况下，孩子大概在3岁就意识到自己与周围的人不同，是一个独立的人，开始萌发自尊意识。此后，孩子的自尊会被进一步强化，甚至意识到别人不能侵犯他们的隐私和人格。

孩子上学之后，渐渐开始拥有自己的想法，他们不允许别人偷看自己的隐私。比如，他们私藏一些自认为珍贵的东西，包括日记、课外书、小玩意儿等。如果大人翻了孩子的私藏品，他们就会觉得大人不理解自己，大多数孩子会因此而气愤。而大人对孩子搜身，孩子往往会很反感，甚至影响孩子的心理健康。

一般来说，老师对学生搜身大致有这样两种情况，一是学校发生偷窃事件；二是检查学生有没有携带学校不许携带的物品，比如刀具等危险品，有些学校还明令学生不能带手机、游戏机等。

前段时间，有一个初中生在网上发布了一封公开信，信中提到学校老师对他所在年级的学生进行非法搜身。事情发生在夜自修的时候，学校政教处老师说要检查学生有没有私带手机、游戏机、刀具等。但出乎意料的是，只有几个学生将自己所带的东西交给了老师。老师以为学生在说谎，便开始逐个搜查起来。根据学生的反映，参加搜查的是3位男老师，他们让学生依次走到教室门口，然后让其取出口袋里所有的东西进行检查，必要时甚至让其脱下外套，打开钱包等；而这样还没有结束，老师亲自用手在学生身上搜查，连衣服里面的口袋、衣袖、鞋子都做了仔细检查。

事情发生后，大多数学生认为老师侵犯了他们的人身权，是一种非法搜身，于是就在网上发布了公开信。信中这样写道："首先，我们可以明确的是，法律没有赋予学校有没收公民财物的权利，属于严重的侵权。即使学生带手机什么的可能触犯了学校的相关规定，但我们可以想一想，是学校的规定大还是国家的法律大呢？法律规定只有在行政处罚和刑事没收时可以没收公民的财产，只有在刑事诉讼和行政执法中才可以扣押公民财产。行政处罚、刑事没收、刑事诉讼和行政执法哪一个是学校的权利范围呢？学校最多可以将物品暂时收缴，但这也只能是暂时代为保管，应在放学后或短时间内还给学生或家长。学校没有权利扣押、没收任何财物。"后来，听说还有学生直接打电话报警了。我想，这些孩子所做的一切体现了一个公民的勇气和智慧，是值得大人赞赏的。

我还亲耳听孩子们说过这样一件事情。有一天，全班同学都去电脑室上课。可在临近下课的时候，有个女生的钱包里少了100元钱，那个女生立即将失窃的事情告诉了班主任。老师过来后，非常严肃地说："谁偷了那个同学的钱？你们现在不向老师交代，我就让那个同学到你们身上搜。"过了好一会儿，大家彼此看来看去，就是没人承认是自己偷了。

这时候，那个女生很生气，就说道："你们不交出来没事，我让我爸妈过来，我爸爸就是公安局的。"刚说完没多久，老师就下令开始搜身，女生搜女生的，男生搜男生的。可到最后，就是找不到究竟是谁偷的。

事实上，在我们周围的确存在一些法盲老师，可能连最基本的法律常识都不清楚。我国《宪法》第三十三条内容之一：“国家尊重和保障人权。”《宪法》第三十七条规定：“中华人民共和国公民的人身自由不受侵犯。任何公民，非经人民检察院批准或者决定或者人民法院决定，并由公安机关执行，不受逮捕。禁止非法拘禁和以其他方法非法剥夺或者限制公民的人身自由，禁止非法搜查公民的身体。”同样，我国《刑法》第二百四十五条规定：“非法搜查他人身体、住宅，或者非法侵入他人住宅的，处三年以下有期徒刑或者拘役。”人非圣贤，人人都有犯错的时候，老师也不例外。有些时候，老师因为“大权”在握，也难免会做出知法犯法的行为。在这个时候，每个孩子都是受害者，每个孩子的家长都应该拿起法律的武器与老师沟通，切不可以沉默的方式冷处理。

美国著名心理学家威廉·詹姆斯说：“人类本性中最深的企图之一是期望被赞美、钦佩、尊重。”一切成功的教育都从尊重学生开始，老师关爱学生更要以尊重学生为前提。其实，每个孩子都有自尊，他们也渴望自己能真正获得社会和他人的尊重。老师是否问过自己：“自己的教育方式是否以尊重孩子为基础？”否则，一切看似美好高尚的教育方式都是违反教育规律的，即使是温情脉脉的关爱也可能暗藏伤害人的“毒素”。

跟老师沟通，不仅是向老师报喜，更要从孩子的身心健康出发，帮助老师纠正一些低级错误，使自己的孩子有一个纯洁、善良、高尚的引路人。

小提示

孩子在什么时候最容易受到老师的伤害

综合起来说，老师在以下几种情况中最容易伤害孩子：

第一，批评孩子时。孩子犯了错误，老师当然生气，容易不分青红皂白用恶言恶语批评教育孩子，这往往会伤害孩子的自尊。

第二，体罚孩子，这对孩子的伤害更大。老师对孩子的体罚大致有这样几种：蹲马步、罚站、青蛙跳、罚跑步等，而且往往要在众目睽睽之下体罚孩子，这会让受惩罚的孩子很没面子。有一种惩罚叫“变相体罚”，比如罚背书、罚抄作业、罚扫地等，一罚就是很多遍，往往让孩子难以承受。

第三，冷落孩子时。老师对孩子有意见，有时会冷处理，用冷漠的态度对待孩子，这会让孩子非常不理解，对孩子的伤害更大。

第四，优待成绩优秀的孩子，让成绩一般的孩子不理解。很多老师都喜欢成绩好的孩子，并经常表扬成绩好的孩子，而对成绩一般的孩子则不闻不问，这也是对孩子的伤害。

所以，孩子上学后，家长有必要了解一下老师的性格特征和道德品质，以免给孩子造成不必要的伤害。

四、孩子在学校尿裤子

一些家长可能会有这样的经历，孩子放学回家后，发现孩子裤子尿湿了，心急如焚，但又不知道该怎么办。粗心的家长还以为孩子玩水不小心弄湿了裤子，但如果孩子经常性地出现尿裤子的现象，那就比较麻烦了。

佳佳妈就碰到过这样的事情。佳佳刚上小学一年级，这个孩子一直很听话。有一天下午放学，佳佳妈在学校门口接她回家。看着佳佳活蹦乱跳地跑过来，佳佳妈一把抱起她，突然发现孩子外边的裤子和鞋子都是湿的，再仔细一看，连穿在里面的棉裤也是湿的，她知道孩子肯定尿裤子了。于是，佳佳妈就问："佳佳，你的裤子怎么湿了？"

佳佳有点儿不好意思，支吾着不吭声，她说是班上淘气的同学用水倒在她的凳子上了。佳佳妈似乎不太相信，便继续追问，最后才真相大白，原来孩子上课想去厕所，举手告诉了老师，但老师却不让她去，说是会违反课堂纪律。于是，佳佳只好坐在教室里一直盼望下课，结果还是尿裤子了，又怕老师和同学知道，一下课就跑出了教室。

这已经是孩子第二次在学校尿裤子了。佳佳妈记得孩子第一次上学尿裤子是在上个月，一天中午，佳佳正好在家里午睡，佳佳妈发现她的裤子湿了。原因也是佳佳在上课时想去厕所，结果老师让她下课后再去。等到佳佳下课去厕所时，她还没走到厕所就憋不住了。佳佳妈为此还特意嘱咐孩子每天少喝点儿水，一定要先去厕所再上课。但是，事情并没有那么简单。佳佳妈还记得，佳佳上幼儿园时，从来没有发现她在学校尿裤子。刚上小学才一个多月就两次尿裤子，这让佳佳妈十分苦恼。

佳佳妈知道，一个要求严格的老师对孩子的成长是有好处的，但过于严格可能会对孩子的成长不利。如果老师对学生上课去厕所的事情能够处理得当，也不会使家长和孩子都感到烦恼。

佳佳妈原想打电话跟老师说明情况，但佳佳的话却让她犹豫不决。佳佳第二次尿裤子之后，佳佳妈想跟老师联系一下，但佳佳却怕老师对她有意见。因为班上不止佳佳一个人尿裤子，还有几个孩子也不间断地尿裤子。有一次，一个家长把孩子尿裤子的事情告诉了老师，结果老师在班会课上提起了这件事情，最后弄得那个小男孩非常尴尬，后来班级里总有人为此取笑他。

这毕竟是孩子的隐私，一旦大家都知道这样的事情，那么孩子又该如何生活呢？尤其是那些性格内向的孩子，更需要大人的关心，更需要大人保护他们的隐私。佳佳也一样，她也不希望自己尿裤子的“丑事”被同学知道。有时候，孩子在这方面有超强的忍耐性，他们往往会对这件事情守口如瓶。有个上一年级的孩子，上午上课尿湿了裤子，没告诉老师。他安静地坐在自己的位置上，让裤子自然干掉。等到他下午放学回家的时候，他也没把这件事告诉家长，直到孩子睡着了，孩子妈给他脱衣服的时候，发现孩子的裤子有一股尿的气味，这才知道孩子在学校尿裤子了。

一般来说，在学校出现尿裤子现象的基本上都是低年级学生。孩子在学校尿裤子大致有这样几种情况。一是孩子真的想上厕所，但怕老师。一些性格内向的孩子上课规矩本分，他们大都不敢向老师提出要上厕所。二是老师不允许孩子上课出去上厕所。很多老师为了维护井然有序的课堂秩序，规定学生上课期间不得去厕所。三是心里紧张，在课堂上，当老师要求学生回答问题的时候，有些孩子因为一时紧张就尿裤子了。四是不良生活习惯造成遗尿。有些孩子喜欢上课前喝东西，结果由于流汗少，体内水分没法排出来，到上课的时候就要上厕所。五是出现炎症。有些孩子由于尿道出现细菌感染发炎，造成暂时性功能失调。

我曾经接到过很多咨询这方面问题的家长电话，他们都非常烦恼，也不知道该怎样和老师沟通。有一个孩子上一年级，在一次排队练习舞蹈时想去厕所，结果不敢跟老师说，于是就一边跳一边尿裤子。后来，舞蹈练习结束之后，有同学把这件事情告诉了老师，老师还批评了那个尿裤子的孩子。孩子的家长知道后，不知道该怎么办，只好埋怨自己的孩子不争气。

家长一旦发现自己的孩子在学校里出了事情，大都会生气，并且把气撒在孩子身上，最后弄得孩子很委屈；有些家长则把责任推给学校和老师，到学校去大闹一场；有些家长则选择沉默，不愿意和老师联系沟通。

事实上，孩子在学校尿裤子已经不是一件小事情了。如果家长不出面和老师沟通，只会使孩子受到伤害，不仅会出现更多次的尿裤子，而且会使孩子变得胆小怕事、沉默寡言，心理受到创伤。

所以，当孩子在学校尿裤子时，家长应该跟老师沟通说明情况。首先，家长平常要与孩子建立平等和睦的亲子关系，让孩子能勇于将一些在学校发生的“丑事”告诉家长。其次，家长在发现孩子尿裤子之后，首先要查明的是孩子尿裤子是不是发炎等疾病造成的。如果不是疾病的原因，那么要仔细问清楚原因，是孩子的错，还是老师的错。如果是老师上课不允许孩子上厕所，那么家长就应该和老师联系沟通了。

我的一个做小学老师的朋友就遇到过这样的事情。他第一次登上讲台上课的时候，教的是二年级学生。听他说，刚开始上课不久，就有一个学生举手说要出去上厕所，他同意了，结果底下的孩子特别开心，因为他们终于碰到了一个比较人性化的老师。没过多久，底下又有一个学生举手说要出去上厕所，老师也没说什么，就让他出去了。短短的40分钟课，就有5个学生出去上厕所。可是，到了第二天上课的时候，要上厕所的学生越来越多，居然达到10个，这让他十分郁闷。后来，这件事情被校长知道了，我的那个朋友自然挨了领导的批评。

学生上课进出教室的确会影响教学秩序，也可能会造成课堂纪律涣散，影响学生的学习效果。然而问题在于，老师如何判断学生上课去厕所的真假呢？有些学生提出去厕所可能是真的，而有些学生则可能因为觉得好玩儿，想溜出去走走。

对于这样的事情，老师不能一概禁止，而要和家长一起探讨教育孩子的方法，所以，这就需要家长与老师经常性地沟通，多谈谈孩子的个性特点和成长问题，和老师一起帮助孩子养成良好的生活习惯，同时培养孩子诚实守信的品质。只要家长和老师认真对待，孩子的一些不良习惯一定会得到有效矫正。

小提示

家长发现老师犯错怎么办

当老师犯错了，家长应该怎么办呢？我的建议是：

首先，家长要能理解老师的行为。作为教育者的老师，他的出发点可能是好的，但做事的方式却不一定正确。家长理解老师，主要是为了更好地和老师沟通。如果家长发现老师犯了错误，就气愤地找老师理论，那只会使事情变得更加糟糕。

其次，家长要试着和老师沟通。不管老师有什么大的过错，家长都应该找机会和老师沟通，了解事情的起因。比如老师打了孩子，用我们的眼光来看，肯定是老师不对，但家长总得要了解其中的原因。家长在和老师沟通的时候，应用平和的语气，也可以试着和老师谈谈自己的想法，相信老师会接受家长的合理建议的。

最后，家长可以和老师建立沟通机制，约定隔一段时间和老师沟通一次，但沟通的内容不要仅仅局限于孩子的学习方面，也可以谈谈孩子的生活、性格、兴趣爱好、交友情况、志向等。

五、孩子班级换老师了

木木上小学三年级时，班上换了新的老师，她是一个比较年轻的女老师，教语文，并且是班主任。木木妈得知这个消息之后，心里非常担心，她总在想：新老师严格不严格呢？孩子会不会像以前那样吵闹呢？因为木木是一个非常活泼好动的男孩，在班级里属于调皮捣蛋型的孩子。在木木上一二年级的时候，木木妈为了孩子的进步，经常找老师沟通，细心的老师还经常把木木留下来单独沟通，帮助木木提高了自控能力。

由于木木妈和以前的老师经常联系，老师对木木的性格特点、学习能力、缺点、优点都非常了解，他们成了无话不说的朋友。一下子换了一个老师，木木妈感到非常不适应。木木妈去学校接孩子的时候，在学校门口碰到了孩子的新老师，因为和新老师不熟悉，木木妈只是简单地打了个招呼就回家了。

时间久了，木木妈的疑虑越来越多，有好几次，她都想去学校问问老师有关孩子的情况，可又怕孩子表现不好，反被老师批评。

后来，木木妈找到我。我听了木木妈的介绍后，完全能理解她的顾虑。每个人遇到一个不熟悉的人，都会觉得陌生，觉得不好交往，心理上有顾虑，这都是很正常的事情。其实，家长用不着这么担心，不管是什么样的老师，都会把教育好孩子当作自己的首要工作任务。

比如有一个学期，我中途接了一个新班，班级里的学生我全都不认识。当时，我接这个班级是因为学校里的一个年轻女老师请了产假，没办法到学校工作。刚接手的时候，我一直在想：我该怎样管理好班级呢？令我预料不到的是，班级里有不少学生很怀念以前的班主任，还向家长告状。结果，有几个心急的家长打电话到校长室，向校领导打听我的工作能力。

对于家长的顾虑，我一直很在意。我想，既然学校信任我，那我就应该尽自己最大的力量做好老师的本职工作。为了减少学生对我的不信任，我开始试着和他们谈心，了解他们内心的真实想法。经过一个月左右的细致交谈，我和学生建立起了一种特殊的情感关系，连原先不信任我的学生也开始慢慢配合我的工作，从此，我们师生之间的关系变得越来越融洽。

为孩子营造良好的学习环境是每一个老师的职责，他们都会想方设法让孩子安心学习，快乐生活。在现实中，家长最关心的当然是老师的教学水平、管理能力和对孩子的关心程度，家长对刚调换的老师不信任也是可以理解的事情。但如果家长一味地不信任，就可能会出现矛盾，比如说有的家长因为不信任老师而打电话给校领导，这不仅会让校领导难堪，同时还会给老师带来前所未有的工作压力，而且容易使家长和老师之间产生误解。这样彼此相互猜疑，怎么能使老师全身心地投入教育工作呢?

2010年3月26日，安徽《合肥晚报》报道，合肥市五十中校方安排陈老师去帮怀孕的女老师代课，这本来是一件非常平常的事情，却惹出了一场风波。陈老师走后，数学课由另外一个也教初一年级的许老师分担。这个调动却引来了很多家长的不满。第二天，很多家长找到校长，不同意更换陈老师。学校的校长对家长表示，陈老师调到初三是特殊情况，只借调一个学期，下学期肯定回来，但这还是引起了不少家长的担心和不满。后来，又有几个家长去找学校反映，还是要求调回陈老师，几个学生家长居然跟随校长到家门口。虽然校长已经作了多次解释，但几个家长就是不放心。在少数家长的持续反对声中，给陈老师代课的许老师很委屈，情绪低落，接连几天都在掉眼泪。事情并没有就此结束，不少家长还坚持要陈老师回来，许老师觉得课无法上下去了，于是没有上讲台。最后，在学校领导的支持下，许老师擦干了眼泪开始上课。经过一个星期的折腾，这场风波才暂时平息。

这么平常的事情居然闹得沸沸扬扬，很值得我们思考。其实，学校调换老师是学校工作的正常现象，特别是当学生面临中考或高考的时候，学校常把一些教学经验丰富的老师安排进去。有时候，调换老师是一种工作需要，比如遇到老师进修、休产假、出外考察交流等。

我们也发现，一旦班级调换了老师，学生和家长都可能一时难以接受，就连新老师也会觉得工作很难顺利开展。换老师是一把双刃剑，学校换新老师总有一定的理由，而学生接受新老师又有一个过程。面对新老师，学生总会对两个老师做出自己的判断，如果新老师的魅力一般，特别是没有多少亲和力，那对学生来说，有一定的适应难度，估计还有不少学生在怀念过去的老师，班级没有凝聚力，严重一点儿的会出现厌学现象，这对学生是一种损失。如果新老师魅力四射，能很快走进学生的内心，那对学生的学习很有帮助。

话又说回来，在学生的成长过程中，不调换老师也是一种遗憾。如果孩子在几年的小学、中学学习中，所有任课老师都没有变动，从一定程度上说是很遗憾的。有些家长认为孩子已对老师很熟悉，换老师对孩子的成长会有影响。其实，任何老师都有自己的长处和不足，学生能够在不同的老师身上领略多彩的教学风格，家长对这一点应该有清楚的认识。

家长首先要理解学校为什么要调换老师，家长对老师的尊重和信任是对老师工作的最大支持，也是老师工作的主要动力。需要指出的是，在学校决定要给学生调换老师的时候，最好及时联系家长，向家长如实反映老师的工作能力、工作时间及调换原因。假如学校不及时跟家长取得联系，不征求家长的意见，很容易使家长反感和不信任，彼此出现矛盾也是常有的现象。

于是，我告诉木木妈，每个老师都希望自己成为家长满意的老师。木木的新老师很少跟她联系，可能是老师性格上的原因或工作太忙所致。

木木妈回去的时候，似乎还有点儿不放心，又问我说："那我现在应该怎么办呢？我还不清楚孩子到底怎样呢！"我说："如果你真的很担心孩子，那么可以找机会和老师联系一下，看看老师是怎么说的。"

几天后，木木妈说碰到了老师，还跟老师聊了几句，说新老师并没有她想象中的那样不好说话，新老师还在木木妈面前夸奖孩子性格比较开朗，还说木木在学校里进步了不少。木木妈一看新老师这么热情，终于把心放了下来，敞开心扉和老师进行了详细的沟通。

在谈到木木调皮捣蛋时，新老师还给木木妈传授了一些矫正的方法，这让木木妈大为感动，她没想到新老师那样细致负责。最后，木木妈还非常后悔地跟我说："都怪我对老师有太多的顾虑了，害得我这么长时间没和老师沟通，白白浪费了许多教育孩子的机会。"

看到木木妈有了这么大的转变，我也感到很欣慰，欣慰的是至少还有很多家长会理解老师，给予老师信任和工作上的支持。只有家长和老师多沟通，才能使家长和老师增进了解，共同教育好孩子。

小提示

调换老师，孩子不适应怎么办

由于孩子熟悉了老师的教学方式，对原来的老师产生了一定的情感和依赖性，换老师恐怕会引起孩子情绪上的波动。如果遇到孩子对新老师产生抵触心理，家长可以这样做：

首先，积极沟通，配合新老师的工作。家长在得知调换老师后，可以找一个适当的机会，告诉新老师有关孩子的情况。

其次，耐心倾听，尊重孩子的想法。孩子产生情绪必然有他的原因，家长不能简单粗暴地去对待孩子流露出的厌烦情绪。家长可以以旁观者的姿态，倾听孩子的内心想法。

最后，多方疏导，消除孩子的不满情绪。家长在孩子情绪稳定下来后，可以站在孩子的角度看待问题，一方面要尊重孩子的想法，更要让孩子用期待的目光看待老师，疏导孩子心中的不满情绪。

六、孩子在学校打架了

孩子上学后，家长经常会告诫孩子：要做个好孩子，要和同学友好相处，千万别和同学打架。如果同学欺负你，你就告诉老师。可是，孩子一到学校之后，还是发生了许多打架事件，特别是男孩子。女孩子之间虽然也会有矛盾，但发展到打架程度的毕竟是少数。

孩子和同学打架，最头疼的是老师和家长。老师既怕受到学校领导的批评，又担心自己学生的身体受到伤害；孩子是家长的亲骨肉，他打架意外受伤了，每个家长都会心疼。

孩子一旦和同学打架，老师和家长都需要进行冷静的分析。打架是由多方面原因造成的，若不进行理智分析，很容易偏袒其中一方，造成更深的误解。如果是一个学习成绩优秀的孩子和一个学习成绩一般的孩子，一些情急的老师可能会偏袒成绩好的孩子，可能也会将孩子的打架行为归咎于孩子没教养。在这种情况下，一些不明真相、情绪失控的家长则可能会把责任推给对方的孩子或老师。家长知道孩子打架后，大致会有以下几种反应：1.兴师问罪：哪个孩子敢这样欺负你？妈妈帮你教训教训他！2.归罪孩子：你怎么这么没用，还被人打了？3.逃避敌对：谁叫你跟他一起玩儿？你给我记住，以后不要理他。4.理智分析：告诉妈妈，到底是怎么回事？

我听一位朋友讲过这样一件事情。他学校里有一个叫阿明的学生，正好上四年级。有一天中午放学回家，一进门就告诉妈妈说同学打他。他妈妈一看孩子脸上有抓痕，还流了血，就心疼地问："谁欺负你啊？你跟老师说了没有？"阿明有点儿委屈地说："老师知道了，可是老师说是我的错。妈妈，是那个人先骂我，先动手打我的。"

阿明妈原本就是一个急躁的人，一听孩子告状，火就上来了，拉着孩子就去学校找老师理论。到了学校后，阿明妈直接找到班主任，开口就气愤地说："您是班主任吗？您看看我的孩子被他的同学打成这样了！"没等阿明的班主任解释，阿明妈又说着要去见校长。事情越来越复杂，最后闹得校长出面调查阿明打架这件事。

我们能理解阿明妈的心情，但像阿明妈那样以发泄自己怨气的方式到学校理论，并不是最好的解决办法。阿明妈的这种做法无非是想弄明白孩子打架的原因，但因为方式不恰当，会被人误解为给孩子撑腰。这样一来，学校里的其他孩子可能都会怕阿明，会因此而疏远他，甚至不愿意和他玩耍和交往。

其他孩子越不跟阿明玩耍，阿明越会感到孤独，越会产生暴力倾向。心理学家研究表明，越不合群的人越有攻击性。我们可以设想，像这样一个小学阶段的孩子，如果真的被孤立起来，他的心理会越来越封闭和狭隘，越有激惹同学生气的想法。当他被同学欺负了，他依然会向妈妈告状，让妈妈来为他出气。所以，如果孩子和同学打架了，家长千万别偏信自己的孩子，到学校找老师和同学兴师问罪。

孩子打架大致有这样几种原因：

1.有些孩子由于环境等客观因素具有一定的攻击性，他们喜欢欺负班级或学校里较弱小的同学。我在读小学时，就遇到过这样的事情。班里有一个同学整天找人打架，专门欺负弱小的同学。如果是这样的情况，家长应该事先将自己孩子的情况告诉老师，让老师及时疏导孩子的攻击心理，让有攻击性的孩子能够和其他同学和睦相处。

2.他有意欺负同学，却反被同学打。有些孩子以为自己很厉害或者认为自己有父母亲戚撑腰，常喜欢欺负同学。社会上也有一些当官或老板的孩子，以为自己有钱有势就可以欺负同学。以前听一个朋友的孩子说，一些有钱的同学经常拉帮结派，谁替他打架就付给谁上百元钱。当然这些只是少数，但我们要注意的是：像这样的情况，家长一定要请教老师，了解孩子在学校与同学相处的情况，不能只偏袒自己的孩子，认为自己的孩子一定是正确的，这样只会使孩子失去朋友。汉代王符《潜夫论·明暗》云："君之所以明者，兼听也；其所以暗者，偏信也。是故人君通必兼听，则圣日广矣；庸说偏信，则愚日甚矣。"家长只有及时和老师沟通，根据反馈的信息才能真正了解孩子的实际情况。

3.打架只是好玩儿。有些调皮捣蛋的孩子喜欢惹是生非，似乎每天都有使不完的劲儿。在这些孩子看来，惹同学生气是一种开心。殊不知，同学之间的矛盾就是这样产生的，进而发生了打架行为。在这种情况下，家长更应该和老师沟通，一是告诉老师实情，让老师多关注孩子，引导孩子学会与同学相处；二是家长也要教导孩子，让他懂得礼貌礼节，注意尊重同学。家长还要让孩子远离暴力影视或游戏，反思一下自己是否以暴力的方式教育孩子，因为孩子很容易模仿，家长的一举一动可能都会影响孩子的成长。在暴力环境下成长起来的孩子，往往更有攻击性。

4.身心因素造成的。先说身体上的原因，一些孩子由于体内激素不稳定造成了情绪不稳。一般来说，平常多吃肉类的人更容易发脾气。医学研究表明，肉类中含有大量动物蛋白，会使人脑中的色氨酸含量减少，导致人出现好斗的倾向。而且，肉类中的含钙比率不高，多吃会造成体内钙浓度降低，也会增加人易怒及暴躁的倾向。肉类中含有大量的饱和脂肪，过多摄入可使血管硬化，血压升高，进而造成人情绪不稳定。另外，孩子过于肥胖，也很容易被激怒。所以，如果孩子是住校生，那更应该打电话咨询老师，看看孩子的饮食是否均衡，孩子的身体状况是否良好。而孩子的性格或心理大都是天生的，一时很难改变，需要家长和老师相互配合，帮助孩子改变不良的性格或心理。

家长教育孩子时要讲究方法。家长需要告诉孩子要学会保护自己，也要学会反抗，不能一味地忍让，但打架不是唯一的自我保护方式。有时孩子受到的欺负并非打骂，而是嘲笑。这时，孩子最好不要理睬别人的嘲笑。孩子被人欺负时，要懂得大声呼喊。孩子大声呼喊，一方面能引起别人的注意，获得别人的帮助；另一方面也是给欺负者一种警告和示威。

家长要鼓励孩子自己处理问题。家长要想让孩子长大，变得成熟、理智，应该给他们机会，让他们自己解决自己的麻烦。在遇到孩子之间的矛盾时，家长除了要做一个倾听者外，还应教会孩子处理问题的方法。家长可以建议性地询问："你想怎么处理这件事情？""需要我的帮助吗？"……例如，有些孩子和家长诉说完委屈之后就没事了，不需要家长任何的帮助。这时候，如果家长的情绪比孩子还激动，将会给孩子带来更大的伤害，还会降低孩子对家长的信任度。

如果一个胆小、害羞的孩子经常受到同学的欺负，家长就要告诉孩子"不要怕"，即使打不过他，也要在气势上不服输。在学校里，那些有攻击性的孩子大多是由于家庭教育、家长的影响以及孩子自身缺乏控制能力等因素才变成这样的。如果家长找对方的家长，即使那个孩子回家被打了一顿，也是无济于事的。但是，这样的孩子容易欺负那些胆小、懦弱的孩子，告诉自己的孩子当别人欺负你时就大喊："为什么打我？"或者"我讨厌你！"这样，爱打人的孩子往往就不会自讨没趣了。

最重要的是要教育孩子如何和同学和睦相处。孩子有时被欺负，往往是缺乏与同龄孩子交往的能力，并不一定是体力的差别。那些喜欢欺负人的孩子同样也有交友的需求，如果被欺负的孩子只是一味地哭，他往往不会在意；如果被欺负的孩子从此不理他，他往往会在意的。如果孩子经常被欺负，起码可以说明一点：他的交往方式有问题，家长应该首先从自己孩子身上找到问题的症结，帮他调整与同伴交往的策略，比如礼貌、协商、主动关心等。在学校里，总有几个比较霸道和蛮横的孩子，他们欺负人时，也会找一些理由或借口，所以家长要告诉孩子，在比较霸道的同学面前，不要多嘴，这样也可以避免被人欺负。

如果孩子不是一次两次被人欺负，而是多次被人欺负，那么家长就应该和老师沟通一下，具体了解其中的原因，有针对性地解决问题。老师有教育经验，也能通过集体的教育力量帮助霸道的孩子改正错误，这也是家长对学校和老师的一种信任。家长在和老师沟通时，要心平气和，要用商讨或询问的语气，一味地指责只会让事情变得更糟。

孩子间相互欺负是常有的事情，那是孩子最原始的行为表现，家长和老师也不必大惊小怪，主要在于正确引导孩子，帮助孩子健康成长。只有孩子能够意识到被欺负的原因，拥有强大的内心和宽容之心，才能使孩子和同学和睦相处，不受人欺负。

小提示

孩子被欺负后，家长的错误表现

家长往往因为经受不起这种突如其来的打击，常常会有一些过激的反应。

第一，开口就大骂孩子没出息，让孩子打回去。这种情况叫作“以怨报怨”。有些家长直接鼓励或暗示孩子报复欺负者，这样会使孩子的心灵变得不再纯洁，甚至逐渐形成报复心理。

第二，家长处处护着孩子。孩子受欺负，家长安慰孩子是应该的，但不能护着孩子。这样会使孩子觉得有靠山，即使受了点儿欺负，也不会放在心上，逐渐在孩子心灵深处埋下了“阿Q精神”的种子。

第三，家长向学校或对方的家长兴师问罪。有些家长直接找到欺负人的孩子甚至武力教训他，这样既不利于解决问题，还可能造成更严重的后果。去学校大闹，责怪老师，会造成家长和老师之间的隔阂，既损害自身形象，也不利于孩子成长。每个家长都会觉得自己的孩子好，如果找对方的家长，未必能收到好的效果。

第四，家长对孩子被欺负完全不闻不问。孩子在学校被欺负后，有些家长不以为然，认为孩子间打打闹闹很正常，等长大了就好了。这样看似是在给孩子独立成长的机会，但实际上却在伤害孩子，使孩子的怨恨积压在心里，无法排遣出来，造成抑郁等心理问题。

七、孩子被老师“欺负”了，怎么沟通

周三下午放学，高女士像往常一样在学校门口接孩子。等他们回到家时，高女士发现孩子脸上有泪痕，便拉住他的手问道：“宝贝，今天过得开心吗？”孩子摇着头，说被老师批评了。高女士继续追问下去，才知道孩子还挨了老师的打。

那天下午，老师教孩子们唱歌，结果高女士的孩子不配合，反而咯咯地笑了起来，引起哄堂大笑。老师认为这孩子太调皮了，故意违法纪律，不但大声批评他，而且一气之下打了他两巴掌。

听孩子这么一说，高女士的脸立即阴沉下来，但她又很纠结，直接跟老师说，一无证据，二是担心老师记仇，万一报复怎么办，毕竟孩子还要继续上学。假如她不跟老师沟通，怕老师还会有第二次、第三次……高女士一看到孩子被打后的委屈眼神，还是鼓起勇气给老师打了电话。

高女士先是问了问孩子最近的表现，有没有违反纪律的情况。过了好半天，老师才说起那天的事情，说孩子特别爱捣蛋，特别难

管，批评孩子是应该的，同时希望家长配合她的工作。至于老师打孩子一事，老师一个字都没提。尽管如此，高女士依然表达了自己的看法："我们家孩子的确调皮，给老师添麻烦了。每次他不听话的时候，我们也感到头疼，但从没有失去耐心，而是慢慢引导他，让他认识到错误，而不是粗暴地惩罚，因为这起不到真正的作用。"老师耐心地听着，估计也认识到了自己的错误。

第二天早上，孩子没什么情绪，高女士送他去学校的时候，他像往常一样开心，这让高女士放心了许多。从那以后，高女士开始跟老师定期沟通，比如每周一次，目的是及时了解孩子的情况。

通常情况下，孩子被老师打了，每个家长都会感到紧张，甚至想直接找老师谈谈。如果家长处理不当，还可能跟老师吵起来，所以，如何恰当跟老师沟通就成了一个大问题。

由于家长是孩子的监护人，所处的位置特殊，家长在整个沟通过程中扮演什么样的角色显得更为重要。也许不少家长认为，我们应该为孩子主持公道。这没错，关键是家长最好扮演中立者角色，既不偏袒老师，帮老师说话，又不袒护孩子，为孩子出气。

做到早发现，早处理，这样才能避免孩子出现心理阴影。一般情况下，孩子挨老师打后，都会出现异样的情绪，这是我们了解孩子的途径之一。此时，家长作为"中立者"应仔细地倾听孩子的陈述，最忌讳说这样的话："这老师怎么这样暴力？""真是坏老师！""妈妈为你出气！"……这样的说法为师生关系埋下了隐患。

接着，家长应及时联系老师，沟通时，先肯定老师对孩子的辛勤教育，然后咨询孩子在学校的表现，听听老师的意见，这为双方的和谐沟通定下了基调。一般来说，老师也知道家长的想法，有些老师会主动承认自己的错误。即使有些老师不承认，家长也不必过于紧张，但要把自己的想法说出来，让老师明白体罚孩子是不正确的做法。

话说回来，孩子也有错误，比如上课不遵守纪律，影响他人上课，这本身就有问题。家长可以趁此机会跟孩子一起找找原因，做一些改正。孩子有错，要学着勇于道歉，承担责任，这本身也是品格教育。

小提示

老师眼中最需要沟通的事情

当老师打电话过来的时候，不少家长感到不知所措，不知道该从哪里说起。老师能够打电话给家长，说明老师还是比较关心孩子的，那么老师眼中最需要沟通的事情又是什么呢？

第一，孩子的身心健康。因为家长最清楚孩子的身体状况，如果孩子有急性病史、药物过敏史、忌口食物等，家长要及时告诉老师，因为这些关系到孩子的生命安全。同时，老师也关心孩子的心理健康问题，例如孩子出现害怕、焦虑、忧郁等，家长应及时告诉老师。

第二，孩子在学校表现极其不好，老师大都会跟家长联系，问题严重一点儿的，老师会请家长把孩子带回家管教，比如，孩子在学校特别捣蛋，严重影响其他同学上课；或者孩子好斗，经常找同学打架；或者孩子在学校行为古怪。这些都是老师比较关心的沟通问题。

第三，孩子的学习成绩退步快。孩子的学习成绩是家长和老师都十分关心的，如果老师发现学生成绩退步很快，便会马上找学生谈话，有时还会找家长沟通。

八、孩子说学校饭菜不好

孩子上学后，与上学有关的各种事情接踵而来，家长既要忙工作、家务，又要为孩子担心这个担心那个，忙个不停。

家长比较关心孩子在学校的学习和生活情况，如果孩子在学校吃饭，那么家长就会经常问起学校的伙食情况。

现在很多家长由于上班的原因，没时间给孩子做饭，一般都让孩子在学校吃午餐。有些离家比较远的孩子就干脆住在学校里，一日三餐都在学校里吃。不同的孩子，对学校食堂的反映各不相同，有些孩子喜欢吃学校里的饭菜，有些孩子则讨厌吃学校里的饭菜。喜欢吃学校饭菜的孩子，长得结实健康，而不喜欢吃学校饭菜的孩子，有的则面黄肌瘦，家长看到之后，当然会非常心疼。

我举个例子，小萌上小学一年级后，因为学校离家比较远，家长就让孩子住在了学校里，只有在每周五下午才能回家。每次周末，孩子一回家吃饭，总是狼吞虎咽地吃，好像是一个饱受饥饿的小难民。小萌妈觉得奇怪，难道孩子在学校没吃饱吗？她每次向孩子打听学校的伙食情况，孩子总是说还可以，说有青菜、萝卜、鱼、虾、肉等。

渐渐地，小萌妈开始心疼起孩子，她发现孩子越来越瘦，脸色开始泛黄，是典型的营养不良。小萌妈觉得自己没少给孩子吃东西，凡是孩子喜欢的东西，她都尽量满足孩子的要求，她一时想不通孩子为什么越来越瘦。

于是，小萌妈开始关心起孩子在学校的吃饭情况。通过询问老师，她才了解到原来孩子不喜欢吃学校的饭菜。刚开始的时候，小萌还能勉强吃一点儿，可后来越吃越少，说是学校饭菜跟家里的口味很不一样，她不喜欢吃辣的、油腻的、放盐多的食物，每天吃来吃去都是青菜，而且饭量越吃越少，到最后开始不去学校食堂吃饭了，常去商店买面包、饼干、方便面充饥。

孩子正处于生长发育阶段，不吃主食肯定会影响身体发育，稍微不注意营养均衡搭配，就可能对身体造成不利的影响。2010年5月的《中国青年报》报道，以学生营养早餐为主题的《北京、上海、广州三地小学生早餐饮食行为现况调查》显示，中国小学生的早餐行为习惯尚待改善，水果蔬菜摄入尤为缺少。三地小学生的早餐都主要由谷类、奶类和蛋类组成，种类比较单调，早餐有食用蔬菜、水果和肉类习惯的比例均不足20%，有超过一半的学生和家长甚至认为早餐不需要食用蔬菜和水果。多数人认为从过去的“白粥＋油条”过渡到“牛奶＋面包”就是营养早餐。

可见，孩子不喜欢学校饭菜的现象相当普遍。我在学校工作的时候，发现了这个问题的严重性。每到吃饭的时候，学生们成群结队蜂拥进学校商店，争着买面包、方便面、火腿肠、茶蛋等，买回去当作午饭。进食堂吃饭的学生总有点儿不情愿，即使去吃，吃几口就扔掉，饭桌上留下了大量的饭菜，浪费现象非常严重。

我们经常在一些学校门口看到这样一番热闹情景。中午下课铃一响，学生们便纷纷跑到学校附近的各个摊位前，买鸡蛋煎饼、盒饭和鸡肉卷等当作午饭。学校附近的快餐店和各种小吃店里挤满了学生，一吃就是两三年。

我还认识一个10岁的小学生，她一进食堂吃饭就会浑身不舒服，吃一口吐一口，常常闹着要家长送饭到学校。有时，家长没时间给孩子送饭，她在学校食堂吃了以后便发生呕吐。后来，家长带孩子去医院检查，又查不出什么毛病，这让他们非常担心。

还有一个已经读高中的孩子，住校之后，他不喜欢吃食堂里的饭菜，天天靠方便面充饥，一回到家就抱怨学校的饭菜有多不好，还说读不下去了。每次周末去超市买东西，他买的第一件东西就是方便面，而且一买就是十几包。最后，那个孩子因为饭吃不好，学习也没兴趣，搞得自己身心疲惫。

现在的孩子不适应学校饮食已是一个普遍现象。有的孩子说学校食堂办得差，菜式少，味道也不好；有的孩子说学校食堂太挤，打饭窗口太少，排队麻烦；有的孩子说学校食堂配餐太死板，喜欢吃的不能多打，不喜欢吃的却一定要打……

我们得承认学校食堂饭菜确实存在一些问题，比如饭菜质量问题和工作人员的服务态度都有可能使学生产生某种厌恶情绪。食堂工作人员在配菜的时候，考虑到的是全体学生，而不是某些个别学生的饮食情况，这难免会使一部分学生喜欢吃，一部分学生不喜欢吃。但是，如果不喜欢吃食堂饭菜的学生数目占了一半以上，那往往说明学校饭菜确实有问题。

现在的学校食堂基本上都是由外面的人员承包的，服务质量参差不齐。有些食堂为了赚取钱财，联合学校老师，强制要求学生在食堂就餐。有些食堂还借助学校的封闭式管理模式，拼命提高饭菜价格。

那么，当孩子不想在学校食堂吃饭的时候，家长又该怎样处理呢？每年开学后不久，总有一些家长和我聊起这个话题。我只能根据自己有限的阅历，给予他们一些建议。

我认为，没有一个家长不关心自己孩子的吃饭问题。一旦家长发现孩子在学校不吃饭，或者孩子直接在家长面前抱怨食堂饭菜，家长首先要静下心来，让孩子说出不喜欢的理由。家长可以根据孩子的陈述，了解孩子在学校的境遇。

接着，家长需要正确引导孩子的认识。孩子在成长过程中，不仅身体得到发展，而且逐渐具备了自我意识，开始以自己的眼光看待世界。有些孩子变得调皮、不听话，处处与家长对着干。他们会将自己对学校饭菜有意见当作自我意识的觉醒，并在生活中强化这种意识。有些孩子一进食堂，常说闻到一种令人呕吐的气味；有些孩子一吃饭就感到精神紧张，吃不下去。这些都是典型的心理作用，所以，家长必须根据孩子的生理、心理发育特点给予正确引导。

说到底，孩子不喜欢食堂饭菜的最主要原因是心理作用。他们可能一开始就不喜欢在食堂吃饭，认为食堂饭菜是大锅饭，没有家长做得那样适合口味。孩子在家里时，家长基本上都会尽力满足孩子吃的要求，孩子喜欢吃什么，家长就买什么，家里的饮食基本以孩子的喜好为中心。在这样的环境下成长起来的孩子，他们大都娇生惯养，对食堂饭菜特别挑剔。

当孩子出现不喜欢食堂饭菜的情况之后，家长可以和老师沟通，听听老师的意见。有很多老师也在学校食堂吃饭，对食堂饭菜比较了解，也知道饭菜的口味。当然，家长在和老师沟通时，最好以询问的语气向老师打听学校三餐的饭菜种类和口味。

我认识一个读初一的孩子，一进初中校门，就成了一个住校生，她发现食堂饭菜没有想象中的好吃。后来，她就很少去食堂吃饭了。幸亏家长发现及时，还向老师询问了学校的饭菜情况。于是家长利用周末的机会，让孩子一起帮忙，做几道学校里的菜。通过这次实践，孩子终于明白了做饭的辛苦，不但要买菜、洗菜、切菜，还要配置调料，做一道菜相当麻烦，而且孩子逐渐发现食堂的饭菜并不难吃。这是一个很好的例子，说明只要家长教育得当，孩子会慢慢喜欢上学校饭菜的。

需要注意的是，家长千万别因为孩子不喜欢学校饭菜而给孩子送饭。我见过一个非常善良的妈妈，孩子一开学，她就每天托人给孩子送饭，结果闹得这个孩子最后连送的饭也吃不下去了。当孩子第一次收到家长送的饭菜时，非常快乐甚至有点儿自豪，但后来身边的同学都以异样的目光看着他吃饭，有几个同学还提出要让这个孩子的家长给他们一起带饭，最后弄得这个孩子很难堪，连饭也吃不下去了。

孩子不喜欢学校饭菜只是暂时的适应问题，家长不必大惊小怪，只要你肯动脑筋，一定会让孩子喜欢上学校饭菜的。

小提示

孩子写作业磨蹭怎么办

孩子写作业磨蹭是有很多原因的，根据我的观察，主要有以下几个原因：1.缺少时间观念。由于孩子年纪小，他们的自控能力较差，不会自己安排时间，做事情没有多少时间观念。2.知识掌握得不好，常在写作业的过程中遇到难题，但又不得不做。3.情绪不好。孩子情绪不好，可能是因为遇到了难题不会做或有心事。4.学习环境不好也会影响写作业的效率，比如家长在旁边唠叨等，这往往容易使孩子产生逆反心理。

那么，这个问题该怎么解决呢？我的想法是：

第一，查找原因。家长抽空和孩子谈一谈，了解孩子爱磨蹭的原因是什么。

第二，对孩子多鼓励，只要孩子有了一点儿进步，家长就应该鼓励孩子。比如说："你又进步了，比上次写得快了。"

第三，让孩子认识到值得"快"。刚开始的时候，可以用奖励的方式督促孩子。让孩子学会自己掌控时间，获得成就感，做事就会更加自信。

第四，让孩子对写完作业有期待。很多孩子把写作业当作苦差事，所以需要给孩子一些诱导，让他对写完作业有期待，比如告诉孩子写完作业有什么好玩儿的等。

第五，多和孩子交流，平时多陪伴孩子读一些课外书，比如名人小时候的故事，让孩子对自己的未来有一个期待。

第七章 怎样避免教育误区

正确的教育方式会让一个孩子变得自信、勇敢、独立，而错误的教育方式不仅会伤害孩子的身心健康，还可能毁掉孩子的前途。所以，家长有必要更新教育观念，寻找有利于孩子身心健康的教育方法。

一、如何避免沟通的不恰当态度

与大多数家长一样，陈女士对儿子寄予了厚望，夫妻俩把儿子送进当地一所有名的私立学校，天天盼望他能成为数一数二的好学生。所以，陈女士对儿子的管教也比一般家长要严格，不仅在家督促儿子写作业，做练习，还经常让老师帮忙管教。

陈女士为孩子的成长费尽了心思，她找老师沟通时，总不忘提醒老师："我的孩子在家很不听话，您应该对他严厉一点儿。"尽管如此，陈女士儿子在学校的表现却让人大跌眼镜。

星期五下午，老师打电话给陈女士，把孩子在校表现告诉了她，特别提到上课与同桌聊天的事，不但影响了自己的学习，还影响到周围同学听课。老师这一"告状"顿时让陈女士着急起来，不过她坚持认为孩子的学习应该是老师的事情，便对老师说："我们付了那么多学费，你们总应该管好我的孩子吧？"陈女士这么一说，使彼此的沟通陷入了僵局。

几天后，孩子的"老毛病"依然没有改，连作业本上的错误也多了起来，这让陈女士更为担心，也许是恼羞成怒的缘故，陈女士打电话给老师，头一句就说："老师，您不能再这样不负责地对待我的孩子，您必须采取行动了。您一定要对他严厉一点儿，骂他打他都可以！"

听了陈女士的话，老师一时说不出话来。最后，老师还是说了一些比较可行的建议，比如希望家长能在家里给孩子做思想工作，引导孩子转变观念，让孩子懂得上课的规矩。

其实，家长在和老师沟通时，由于教育背景不同、文化层次差异，存在一些不恰当的沟通态度，造成了沟通障碍。

第一类是命令式语气。不管家长还是老师，可能在沟通的时候都会这样说："你要……""你应该……""你必须……"等，这种命令、指导的沟通语气很容易使对方产生误解。像案例中的陈女士以这种命令式的态度要求老师管教孩子，最终使沟通难以进行下去，这也是沟通中最忌讳的态度。

第二类是自尊心强，坚决不让步。有些家长或老师碍于面子，不愿意体谅对方，极有可能忽视对方的想法。即使自己说得不对，做错了事情，他也不会主动认错，坚持自己的观点或做法，这种有个性的"不妥协"同样使对方感到尴尬，但对解决问题毫无帮助。

第三类是防备心理严重。有些家长总认为跟老师说没效果，担心老师会怪罪他们，怕老师对孩子不利，就时刻防着老师，不愿意说出实情。同样，有些老师为了跟家长搞好关系，为学生护短。这样的结果是，亲师之间的沟通达不到实质性的效果。

第四类是态度高傲。有些高傲型的家长不愿把老师放在眼里，以自我为中心，认为自己的教育方式是最有效的。对于这类趾高气扬的家长，大多数老师也不愿意接近。

明智的家长最好能摈弃上述四种沟通态度，将沟通当作一个平等的交流过程，双方都能畅所欲言，相互学习。沟通双方最应该放低姿态，怀着谦虚请教的态度进行交流，这是进行顺利沟通的前提条件。

需要明确的是，家长与老师在人格上一律平等，沟通不是展示自己身份的特殊，命令对方做什么，而是为了寻找更好的解决方法，帮助孩子健康成长。

此外，相互信任和冷静，也能避免不恰当的沟通态度。遇事不慌张，不恼火，以倾听的姿态相信对方，冷静处理相关问题，这也是沟通者的基本素养。

二、教育不全是老师的责任

很多时候，家长和老师沟通时，总希望老师重视孩子，有的家长说：“老师，我的孩子交给您了，您好好管管他吧。”

有的家长说：“我的孩子全交给您了，孩子不听话，您就骂他、打他！”

有的家长说：“孩子就交给老师了，该骂就骂，该打就打，我不心疼。”

有的家长说：“老师，您对我的孩子要严格一些，不要客气，他不听话，您就打他！”

……

当老师听到这样的话时，大都会这样说：“谢谢您的信任，我尽力吧。”其实，每个老师心里都知道，家长说这样的话，无非是让老师把孩子当作亲人看待，多关注孩子的学习和生活，哪一个家长不希望自己的孩子能够得到老师的重视呢？家长对老师提出这样的要求大致有以下几个原因：

一是家长没时间管教孩子。有些家长忙于自己的事情，每天都起早贪黑地工作，经常没时间照料孩子。我曾经教过一个班，班里50%以上的孩子都没有和家长生活在一起，而是和他们的爷爷奶奶或其他亲戚生活在一起，有些孩子还被父母寄托在老师家里。

现在的家长为了生计，东奔西跑，却把孩子给忽略了。有些父母在外地打工或做生意，一年到头都在外面，孩子成了留守儿童，难得和家长见上一面，于是说出把孩子全交给老师那样的话就不足为奇了。

二是孩子超级难管，家长没办法。有一个叫小聪的孩子，是家里的宝贝，全家人都宠着他，惯着他。可孩子长大后，变得越来越任性，常常把家长的话当作耳边风，还会跟家长顶嘴。无奈之下，家长只好把管教孩子的重任寄托在老师身上。好在小聪还比较听老师的话，在学校里比较规矩懂事，老师也经常表扬小聪。不过有些孩子无论在家里还是在学校都很难管，这让老师和家长都很头疼。但是，孩子不听话，很少有家长反思自己的教育方式，从自己身上寻找原因。一般来说，孩子不会天生就任性，不听大人的话，这往往会受到后天教育和生活环境的影响，多半与家长对孩子不恰当的教育方式有关。

三是出于对老师的信任。一些家长由于自己的知识水平和经验不如老师，相信老师有办法管教孩子。客观地说，老师在教育孩子方面，的确比一些家长懂得的多一些，他们懂得一些心理学和教育学知识。而且，一些老师的年纪比家长都大，有许多教育孩子的宝贵经验。

四是给老师施加压力。有些家长喜欢玩心理战术，表面上是信任老师，但实际上是给老师施加压力。

家长把孩子推给老师管教，本身是一种失职的表现。这其中有很多危害，可能是家长所没有想到的。

首先，把孩子完全推给老师管教，这是家长缺乏自信的表现。一个不自信的家长难以让孩子信服，而一个自信的家长会让孩子感到骄傲，使孩子发自内心地尊敬家长。很多人第一次做父母，难免会遇到各种带孩子的难题，比如孩子生病、爱哭闹、调皮、任性等。有些孩子平时很爱哭闹，遇到不开心的事情，就马上又哭又闹，搞得家长非常头疼。有些孩子常跟家长赌气或撒娇，不听家长的话，确实很不好管教。有时候，家长为这些问题而感到束手无策，家长越是这样，越会影响其在孩子心中的形象。

我认识一个非常调皮捣蛋的孩子，他的父母根本没办法和他交流。有一次，我跟他聊天，聊起他在家的生活，孩子很自豪地说："我的父母都怕我。"

其次，疏远了亲子关系。

有一个天真活泼的女孩很小就被父母寄托在老师家里，和同学、老师一起生活。有很多次，我跟她聊天，每当我们谈起她的父母时，她总是一脸悲伤地说："我爸妈不要我了。"

我疑惑地问："为什么呀？"

她说："他们都在外面，从不过来看看我。"

"那你孤独吗？"

"很孤独，我以前很想他们的，现在慢慢地不想他们了。"

我还发现这个孩子的性格比较孤僻和多疑，目光呆滞，神情冷漠。

其实，每个孩子对父母的行为都特别敏感，他们最怕失去父母。一些父母认为，老师可以代替孩子的父母，这是十分错误的想法，任何人都不能代替孩子的父母，因为孩子和父母有着最亲密的联系，这种血浓于水的亲子关系是无可替代的。

最后，留给我们思考的是，一旦孩子真的被老师骂了、打了，家长又会有什么样的反应呢？估计很多家长都会坐立不安，因为他们不忍心看到自己的孩子被老师“欺负”。

有个叫小民的孩子，从小就很不听话，经常逃学、跟人打架。一次开学报名，小民和他爸爸一起到学校找老师，小民爸离开学校的时候，握住老师的手说：“老师，这孩子就交给您了，该狠心就狠心，别手软，我支持您。”

没过多久，小民叫了一些同学和外校的学生打架，打伤了很多人，这件事情惊动了当地教育局。小民因为是主要策划人，已经被学校通报批评，班主任很生气，狠狠地批评了他，不料小民不服气，还跟老师吵起架来。火气正旺的老师用手掌连抽了小民好几个耳光。大概是打得比较重，小民的脸迅速变红了。小民的家长知道后，立马跑到学校闹事，说学校老师打学生，还说要告到教育局，闹得整个学校沸沸扬扬。

这样的事情还有很多，是我们都不愿意看到的。其实，老师不愿意和态度蛮横的家长沟通，也不愿意和没有任何主见的家长沟通，因为这样的沟通没有任何效果。因此，家长在和老师沟通时，千万别说“一切听老师的”“孩子全交给老师”“孩子要骂要打由老师”这样的话。

小提示

家长如何与孩子相处

家长要教育好孩子，首先要学会与孩子相处。

第一，要和孩子建立融洽的亲子关系，让孩子能够信任家长。有一种比较好的做法是，有时间的时候（比如晚上）多陪孩子读一些故事书，这样既能拉近亲子关系，也能培养孩子的学习能力，使孩子养成爱阅读的好习惯。

第二，从小培养孩子为人处世的规矩，比如怎样尊重人、怎样与人友好相处和怎样做事等，如果孩子违反了规矩，就要给他适当的惩罚。但惩罚之后，要和孩子说清楚原因。孩子犯错是十分正常的现象，但要及时帮助孩子认识错误、纠正错误。

第三，教育孩子需要足够的耐心，孩子犯了错，最忌讳不问理由就批评孩子，甚至打骂孩子，这样往往会疏远亲子关系。

第四，平时多带孩子亲近大自然，和孩子一起分享快乐。有时候，我们可以和孩子一起做做家务，体会劳动的辛苦和快乐。

第五，当家长有情绪时，可以适当地在孩子面前发泄，不要硬撑。有时，家长在孩子面前发牢骚或哭泣并不是丢脸的事情，反而有助于让孩子认识到家长的不容易。

第六，教育孩子时，千万别跟别人的孩子做比较。孩子和孩子不一样，和别人做比较容易使孩子变得不自信，对孩子来说也不公平。

三、切忌指导老师教学

自从童童进入初一学习之后，她的数学成绩一直很不好，每次考试都刚刚及格，这让她妈妈非常担心。为了搞清楚原因，童童妈和女儿长聊了一番，童童告诉妈妈，她听不懂老师在讲什么内容，遇到不会做的题目又不敢主动请教老师，这使她的成绩一直停留在及格线。与许多家长一样，童童妈想到了老师，她准备找数学老师谈一谈，如何才能提高孩子的成绩。

童童妈联系了数学老师，并约定了见面时间。那天下午，童童妈带着一肚子疑惑前去见老师。数学老师说起童童的课堂表现、作业情况和考试成绩，例如上课无精打采、发呆，写作业不认真，不爱提问，有时还抄袭同学的作业。在数学老师眼中，童童是一个有学习潜力，却很不用功的学生。

童童妈听后，也把孩子的意见反馈给老师，还说到孩子上第一节数学课就听不懂。数学老师一惊，反问道："听不懂为什么不及时告诉老师？上课每讲完一个知识点，我都会问学生是否听懂了。童童听不懂可以举手告诉我啊。”

对于这一点，童童妈也认为孩子不够积极。但是，童童妈还说起了自己的初中数学老师如何上课，不但讲得细致，而且特别关注成绩不好的学生，所以，童童妈建议数学老师能否改变一下教学方式，让童童这样的孩子也能听得懂。数学老师更是一惊，但表示愿意接受童童妈的建议。

童童妈原以为老师会有所改变，可据孩子反映，老师依然像以前那样上课，也不在课堂上关注她。这让她百思不得其解。

有些家长发现孩子成绩不好，以为问题出在老师的教学和管理上，他们在与老师沟通时总喜欢给老师的教学提一些具体的建议，要求老师如何上课，建议老师怎样管理课堂。大多数老师为了顾及家长的脸面，都会友好地表示接受，可实际上很有抵触心理。我们也不排除有些老师认为家长的手伸得太长，干涉他们教学，还可能将不满转嫁到孩子身上，这样更不利于孩子的学习。

我们知道，家长的本意是为了提高孩子的学习成绩，但可能忽视了这样一个事实：教学是老师的本职工作，在老师看来，很多家长对教学工作毕竟很外行，所提的建议不着边际。

即使家长的建议没有被老师采纳，也是非常正常的现象，不必因此而埋怨怪罪老师。家长最需要做的事情是帮助孩子分析成绩不好的原因，在主观上多努力。如果把孩子成绩不好的原因全部归咎于老师，那是很不对的。其实，孩子学习成绩不好有多方面原因，比如孩子基础不好，上课不认真听讲，跟不上老师的讲课思路，没有及时复习，不爱提问……

著名教育家苏霍姆林斯基说过：“最完备的教育是学校与家庭的

结合。”孩子的教育不是单一的学校教育，而是学校、家庭、社会的统一体，孩子成绩不好，家长也有不可推卸的责任。孩子学习习惯的养成和自主学习能力的培养，都与家长的正确指导是分不开的。

因此，家长和老师是一种默契的协助关系，家庭教育是对学校教育的补充。家长要做的不是对老师的教育和管理工作指手画脚，而是担负起自己的教育职责。孩子入学之前，家长要让孩子养成良好的生活习惯和品格；上学之后，家长要协助老师观察孩子的情绪变化，指导学习方法，培养学习习惯，能让孩子适应学校生活、独立思考和自主学习。

四、与老师沟通，别折腾孩子

一提到家长跑去找老师了，不管有没有沟通，估计很多孩子都会感到忐忑不安。无论是成绩优秀的孩子还是调皮捣蛋的孩子，他们都在潜意识中拒绝家长和老师之间的沟通。其中的原因在于家长和老师沟通之后，孩子平静的生活可能会被打乱。不少家长和老师常常借助沟通的机会向孩子发脾气，不仅家长要批评孩子，就连老师也要更加严厉地对待孩子。

在我所接触的孩子当中，几乎没有一个孩子不怕家长和老师沟通的，除非这个孩子对什么都无所谓。有一年春天，我碰到一个特别爱惹事的孩子。只要他一惹事，我就找他谈话。每次到谈话快结束的时候，他总会这样说："老师，只要您不把我爸妈叫过来，我马上就把缺点改掉。"有时候，我好奇地问他："你为什么这么怕你爸妈呀？"那个孩子告诉我："老师，只要您找过我爸妈，我可就没好日子过了，我爸妈很凶的。"

有些时候，家长和老师之间的沟通，非但起不到任何作用，还可能会伤害孩子。有不少父母在和老师沟通之后，对孩子的教育变得更加严厉，一回家就批评甚至打骂孩子，有的家长采取冷暴力，对孩子不理不睬，一副失望透顶的样子。事实上，这样的沟通给孩子带来了巨大压力，孩子不愿意让父母和老师进行沟通，甚至怨恨老师和父母。

后来，我接触到一些年龄大一点儿的孩子，他们刚好在上初中。初中是孩子成长的转折点，因为要面临中考，初中阶段的孩子几乎没有了小学时代的轻松和快乐，有的是繁重的学习。特别是一些进了名校的孩子，他们的日子更加艰难。名校的学习竞争比其他学校都要激烈，几乎每一次大型考试都给孩子排名次。尽管教育部门三令五申地要求各级学校不得对学生考试成绩进行排名，但不少学校依然我行我素。如果家长知道自己的孩子成绩退步了，心里会非常着急。

有一年秋天，正是秋高气爽的时候，有一个叫申泽的孩子跑来跟我谈心，说起他的遭遇。申泽的学习成绩一直很好，但他很担心家长和老师进行沟通，很怕他爸妈联合老师教育他。他一脸惆怅地看着我，想了一会儿才说："老师，我们就像悬崖上的马，高处不胜寒，越到高处越危险，万一掉下来了，怎么办呢？所以，我爸妈天天为我担心。只要他们去找老师沟通，老师肯定又向我爸妈施加压力，而我爸妈又会给我增加更多的压力。我想，我的日子会更加悲惨。"

听了这些话，我感到莫名的心寒。在以分数论英雄的今天，成绩就是孩子的生命线。孩子始终处于老师与家长的高期望和高压力之间。平常，我们的家长可能只看到孩子的成绩，而忽视了孩子的心理承受能力，这是多么可悲的事情。

我见过孩子在家长和老师沟通之后，被家长批评的情景。那是一个邻居的孩子，他读书成绩一般，最悲惨的是那次期中考试，他退步了十多名。于是，邻居跑去学校找老师了解情况。那天下午，孩子放学刚回到家，就被他父母严厉地批评。我只听到他爸在家里使劲儿地吼，说什么花了那么多钱给孩子读书，只考那么一点儿分数。还说到学校老师不想管他，说孩子给家里丢尽了脸。每骂一次孩子，便从家里传出一阵孩子的尖叫声。再后来，我就听到孩子呜呜的哭声。我听得出来，那孩子一定被父母打骂了。

后来，孩子他妈妈过来找我。我装作什么事情都不知道，就问她什么事情。她来是想问我该怎样教育孩子，她说去了学校之后，才发现孩子如何不听话，连老师都不想管了。她自责地说："是我们以前对他太好了，哪知道这孩子没心没肺，成绩考得那么差！"说真的，这位妈妈像很多家长一样，望子成龙之心过于急切。

孩子成绩退步有很多因素，家长采用急躁的方式处理，不但解决不了问题，而且会挫伤孩子的学习自信心。我从教育学角度告诉那个孩子家长，孩子的学习有一定的规律，那就是循序渐进，涉及学习态度、学习兴趣、认知能力、学习心理和学习品质等多方面原因。孩子成绩出现退步，估计是这些环节中的其中一个或几个出问题了。我们光看成绩退步，而不找其中的原因，这样不利于孩子状况的改善。

有的家长在和老师沟通后，回头就责骂孩子，这样的做法非常不可取。要想提高孩子的学习成绩，靠的是平时一点一滴地教育和引导，家长靠和老师沟通后的粗暴教育方式并不能解决孩子的学习问题，相反会破坏亲子关系，甚至使孩子对学习产生厌恶情绪，讨厌学校和老师。

有一个原本活泼的孩子，因为一次考试成绩不好，被老师批评教育了一顿。后来，老师把那个孩子在学校的情况告诉了家长，家长火冒三丈，又把孩子给狠狠地骂了一顿。他们以为这样就能改变孩子，但让他们想不到的是，孩子从此变得沉默寡言，没有了平时的活泼样子。一年之后中考，那个孩子考得一塌糊涂，从此丧失了学习兴趣。在为那个孩子感到惋惜的同时，我们也要反思一下自己的行为。

我国著名儿童教育家陈鹤琴曾认为，无论什么人，受激励而改过很容易，受责骂而改过却比较难。

家长和老师沟通时，既要了解孩子的缺点，回去后提醒孩子改正；又要了解孩子的优点，鼓励孩子继续保持。有的家长不管老师表扬了孩子多少优点，只要听到一点不足就回去批评孩子，这就好比孩子考了99分，家长却追究那1分是怎么丢的，一叶障目，不见泰山，看不到孩子身上的闪光点。

不管怎么样，家长和老师沟通时，先要整理好思路，看看孩子最近有什么进步，问题出在哪儿，并努力寻求解决方法。如果家长在和老师沟通时出现不良情绪，要先把它排解掉，再回家心平气和地与孩子谈谈，共同找出解决问题的方法。

小提示

沟通要以孩子为中心

家长喜欢和老师沟通是好事，但需要注意的是，沟通要以孩子为中心。

首先，孩子是沟通的出发点，家长找老师沟通是为了孩子，所以，家长要特别关注孩子的内心感受。

其次，尊重孩子，不把孩子的隐私透露给老师。

再次，家长和老师的沟通不是为了揭孩子的短，而是为了让孩子有所进步。

最后，家长和老师在共同教育孩子时，也要尊重孩子成长的规律，不可给孩子施加过重的压力。

五、别让老师的“语言暴力”伤害孩子

在老师眼里，轩轩是个小淘气包，比较调皮外向，还经常挨批评。

轩轩上数学课时比较爱动，也爱讲话，老师多次向轩轩妈告状。为此，轩轩妈反复提醒孩子上课要认真听，其实轩轩的接受能力还好，自认为懂了，就不愿意听了。上学的第一天，孩子一脸疑惑地跟妈妈说，上午下课后，数学老师当着全班同学的面，用手指头指着轩轩说：“今天这个人没有废话。”轩轩很不解地问妈妈：“老师明明知道我的名字，为何还要喊我‘这个人’呢？”轩轩妈还是第一次遇到这样的情况，一时回答不了孩子的问题。

轩轩在学习方面也经常出错，尤其是一些理解性比较强的题目，当他做错时，老师就批评他不长脑子。轩轩妈看到孩子某一类型的题目错了好几次，便打电话向老师请教，作为家长该如何提醒孩子少犯这类错误。不料，老师听后，断然告诉她：“没办法，明明是你家孩子的脑袋笨。”于是，轩轩妈不敢继续问下去。

因为老师的这些表达，让作为家长的轩轩妈实在适应不了。假如你也遇到这样的老师，你会怎么沟通呢?

在生活中，老师用语言伤害学生的事情屡见不鲜。这些带有挖苦、讽刺、孤立、告状、预言等性质的语言，例如说学生是“笨蛋”“无可救药”“活该”等，都属于“语言暴力”，就像一把刀在无形之中刺痛了孩子的心，给他们的心灵留下了阴影。

由此可见，“语言暴力”不是一般的小问题。当家长知道这样的情况后，保持冷静是非常必要的，也要采取换位思考，假如你是老师会怎么做?老师对孩子有意见，既可能跟孩子出现了问题有关，也可能和老师的性格有关，还可能与平时家长和老师沟通太少有关。

接着，我们得寻求沟通的可能性。当老师说到孩子的缺点时，家长可以根据孩子在家里的表现，谈谈孩子有没有类似的缺点。很多孩子的缺点是在家里就存在了，家长由于各种原因忽视了孩子的缺点，而到学校之后，孩子的缺点依然存在，作为老师可能会注意到这一点。

老师有负面情绪，我们当然要适当接纳，并将自己对老师的不满情绪改为向老师提建议。像案例中的那个老师，当着家长的面说孩子笨，很多家长都难以接受。面对这样的老师，家长不可随意附和，那样会伤害孩子，可以采取“迂回战术”，请教老师用什么方法使孩子变得聪明起来，只要本着一切为了孩子健康成长的原则，家长在尊重老师的基础上，和老师平等自然地沟通，相信孩子的缺点会越来越少。

假如一次沟通解决不了问题，那就需要多次沟通才行。我们不能抱着一次沟通解决所有问题的想法，而要循序渐进。如果第一次沟通失败，即老师只顾说自己的话，不顾及家长的感受，那么家长也别灰心，可以过几天后再寻找机会沟通，问问孩子有没有进步。

小提示

多向老师说说孩子的进步

很多家长在和老师沟通时，常常报忧不报喜，即使孩子有了进步，家长也总谦虚地认为孩子还不够好。其实，家长在向老师说明孩子不足之处的同时，应该多说说孩子的优点，让孩子更有信心改正自己的缺点和不足。

每个孩子都有自己的优点，只要家长仔细观察，都能发现孩子的优点，比如孩子长得漂亮、帅气、懂事、活泼、机灵、善良、有爱心、孝顺、爱读书、与小朋友和睦相处、尊敬老人、爱做家务……这些都是孩子的优点。

家长发现了孩子的优点，不该将这些掩盖起来，而应当多向老师说说孩子的优点，这不是向老师炫耀孩子，而是帮助老师了解孩子的优点，更好地教育孩子。

六、看国外家长怎么跟老师沟通

在“互联网+”的时代，家长与老师之间的沟通方式正在发生变化，QQ、微博、微信等交流工具逐渐兴起，这既便于家长及时了解孩子在校的情况，又便于老师了解孩子在家的表现。但这也是一把双刃剑，使用不当极有可能让家校沟通陷入困境。例如一些老师在微信群里晒作业晒成绩，不定时地将学生的作业表现“曝光”出来，搞得家长提心吊胆，生怕孩子表现不好。

其实，老师的这种做法侵犯了孩子的隐私权，也伤害了孩子的心灵。即便在互联网时代，家校沟通更应该尊重孩子，保护好孩子的隐私。相比之下，国外的家校沟通方式或许对我们有一定的借鉴意义。

在一些欧美国家，家校沟通的主要方式有纸质信件、电话沟通、电子邮件、家长会、单独约谈等。但不管是哪种沟通方式，家长与老师都非常重视孩子的隐私问题。以美国为例，虽然他们也有脸书、推特等聊天工具，但对于孩子的情况，他们经常通过电子邮件获取信息。老师通过电子邮件向家长反映学生的在校情况，家长也往往以电子邮件的方式向老师咨询、投诉或提建议等。除非孩子外出请假或在学校里的表现极为不佳，老师很可能以电话的方式告知家长。但一般情况下，老师都会竭尽全力帮助孩子矫正不良的行为习惯，不会随意惊动家长。

值得一提的是，美国的老师不会随意将孩子的信息泄露给外人，除非家长以书面的形式授权。假如孩子年满18周岁，家长想了解孩子的在校情况，必须首先征求孩子的书面同意。因为美国法律规定，年满18岁的孩子已是独立个体，其在校的所有信息都受到美国法律的保护，学校更不能随意向其他人（包括家长）泄露一丝信息。

相反，在隐私观念相对薄弱的社会里，家长可以随意向老师获取孩子的学习信息，可以随意曝光孩子的表现或学习情况，这让孩子的心灵遭受巨大的伤害。在这一方面，我们是否可以虚心地学习一下他国的经验呢?

国外也有面谈，但一般都是短暂性的。家长在接送孩子的时候，可以与老师进行短暂的交谈，了解孩子的在校情况。至于约谈，一般都是有针对性的沟通。例如学期进行到某一阶段，老师会向家长反馈孩子的情况，家长则会介绍孩子在家的表现。双方就孩子的发展状况，共同协商下一阶段的教育措施。

在国外，家校合作机构显得非常重要。这个组织属于第三方机构，不隶属于学校，也不由家长操纵，是由家长与教师共同参与管理的机构，其目的是让家长参与其子女所在学校的活动，保护孩子的合法权益。家长要做的内容非常多，包括选订教材、商讨教学计划、募捐、做义工、协助教师教学、组织家长会等。例如美国的一些家长教师联合会，家长通过筹款，为学校增添了教学设备，修缮了校舍，并为学生购置图书，这让家长真正参与了学校的教育，使得家校之间的关系更为紧密。

再说说大家都熟悉的家长会。国外学校的家长会形式多样，其核心一条都是以尊重孩子为前提。例如在德国，学校会定期召开家长会，没有领导参与，没有人做报告，也没有人谈论孩子的学习情况，家长与老师探讨的是孩子的兴趣爱好，以及孩子将来适合做什么样的工作。而在英国，家长会则以“一对一”的模式进行。家长按照约定的时间与老师单独交谈，谈论的话题涉及孩子的学习状况、体育活动、社区活动、健康、饮食及提出改进的建议等方面，以正面鼓励为主。在美国，家长会则由学生主讲，介绍自己的成长情况。家长也可以直接与任课老师交谈，提出疑问、要求及建议。相反，国内的家长会并没有那么轻松，基本上以老师为中心，以居高临下的姿态谈论孩子的在校情况，甚至把家长会开成“批斗会”，这不仅让家长受累，而且让学生受伤害。

俗话说：“他山之石，可以攻玉。”在今天，国外家长的某些家校沟通方式依然值得我们学习借鉴，目的是让我们的孩子能够更好地成长。

小提示

国外家校沟通的启示

国外教育有其先进的一面，值得我们学习借鉴。结合国外家长和老师的沟通特点，我们可以得到以下一些启示：

第一，建立和完善家校沟通平台。国外学校为了防范家长和老师发生不必要的冲突，设立家校联合会等组织，且制定了各类规章制度，以法律的形式保障家长和老师的充分沟通。

第二，要明确家长和老师的共同目标——一切为了孩子的成长。

第三，拓展沟通渠道，开展形式多样的沟通。